Franziska Dieckmann

Der Belcanto Code

Die Kunst des klassischen Gesangs
Gesangschule in 20 Lektionen

Mit systematischen Übungen zur Belcanto -Technik

Edition Fokus Vokal

Fotos: Oliver Niklas
Titelgestaltung: Lutz Kamieth

3. Auflage 2024

EFV 0133

ISBN 978-3-00-055973-0

Printed in Germany

www.fokusvokal.de

VORWORT

Der Belcanto Code – Singen kann man lernen!

Die vorliegende Schule ist für einen kontinuierlichen Gesangsunterricht auf Basis der funktionalen Stimmentwicklung konzipiert. Beginnend mit grundlegenden Übungen über das Singen langer Phrasen bis zum Messa di voce wird der Schüler schrittweise in die Technik des klassischen Belcanto-Stils eingeführt.

Die Lektionen bauen inhaltlich aufeinander auf. Einzelne Lernziele können dabei durch die flexible Auswahl thematisch geordneter Grundübungen, auch Lektionen übergreifend, weiterverfolgt und vertieft werden.

Diese Basisübungen sind in vier Bereiche gegliedert und farbig markiert:

- Kopfstimme – trainiert Mittellage, Höhe, Piano, Resonanz und weichen Stimmeinsatz
- Bruststimme – trainiert Tiefe, Höhe, Forte, Stimmglanz und Stimmlippenschluss
- Übungen für Höhe und Geläufigkeit
- Legatoübungen

So können nach individuellem Bedarf Themen intensiv studiert und die entsprechenden Übungen aus verschiedenen Lektionen zusammengestellt werden.

Grundsätzlich empfiehlt es sich, bereits erlernte Übungen ständig zu wiederholen.

Die ersten Übungen einer Lektion sind bewusst aus dem Bereich des Kopfstimmen-trainings gewählt. Dabei werden die Stimmlippen vorsichtig aufgewärmt und der Vokaltrakt in eine günstige Form gebracht.

Die Schule ist gleichermaßen für Frauen- und Männerstimmen konzipiert. Männer singen die Übungen eine Oktav tiefer als notiert. Selbstverständlich muss die Tonlage den stimmlichen Möglichkeiten individuell angepasst werden. Linkshänder können die Bewegungsabläufe entgegengesetzt ausführen.

Allen ein erfolgreiches Lernen und vor allem viel Freude an der Musik und am Gesang!

Im Juli 2024
Franziska Dieckmann

Aus Gründen besserer Lesbarkeit wird nur die maskuline Form verwendet, wenn beide Geschlechter gemeint sind.

Inhalt

LEKTION 1

Dein Körper als Instrument
Der richtige Stand: Die Füße

Zu den grundlegenden Voraussetzungen des Singens gehört der richtige Stand des Sängers. Beginnend mit den folgenden Übungen wird er in den nächsten Lektionen erarbeitet.

Stelle dich aufrecht hin, die Füße etwa schulterbreit auseinander. Verlagere dein Gewicht nun in einer Kreisbewegung: Ausgehend von der linken Seite, also der Außenkante des linken und der Innenkante des rechten Fußes, über die Fußballen zur rechten Seite bis zu den Fersen. Wiederhole diese Kreisbewegung des Körpers dreimal und wechsle danach die Richtung. Beginne also jetzt auf der Außenkante des rechten und der Innenkante des linken Fußes.

Als Nächstes verlagere dein Gewicht abwechselnd auf Ballen und Fersen. Wiederhole diese Vor- und Zurückbewegung ebenfalls dreimal.

Zum Schluss stelle dich ganz auf deine Füße, mit dem Gewicht etwas mehr auf den Fußballen. Spüre dabei bewusst den Boden unter dir.

Übungen für die U-Form

Eine weitere Grundlage der klassischen Gesangstechnik ist die geschulte Kopfstimme. Sie wird mit den Vokalen *u* und *o* trainiert.

Sprich zunächst *u* und bilde mit den Lippen eine Schnute. Jetzt schließe deinen Mund. Behalte die Schnute bei und bewege das Kinn wie bei einer Kaubewegung nach unten, der Mund bleibt geschlossen. Wiederhole diese Bewegung mehrmals.

Für die Übungen **aller** Lektionen gilt:

Übe immer rhythmisch: Atme jedes Mal zuerst stark aus, also jeweils auf dem ersten Viertel. Bilde dafür mit den Lippen eine Schnute und stoße die Luft mit dem Konsonanten *f* so stark aus, dass sich dein Bauch einzieht. Atme danach durch den Mund über den Zeitraum einer Viertelnote ein, dann singe die Übung. Übe weiter im Ablauf von Ausatmen, Einatmen, Singen und bleibe dabei konsequent im Metrum!

1

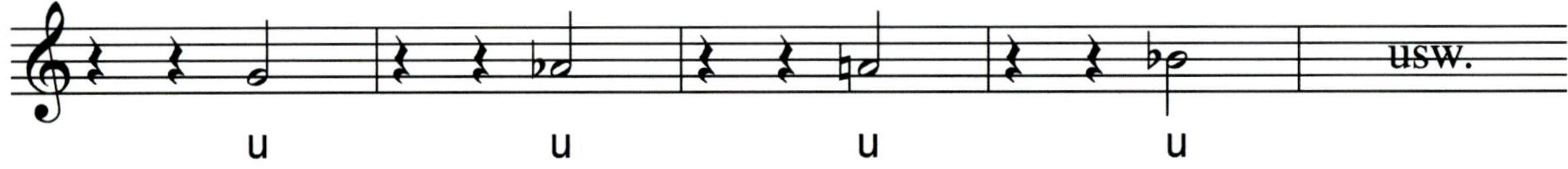

Atme zuerst aus. Nimm nun während des Einatmens die Arme in einer großen Bewegung seitlich hoch und lege die Spitzen der Zeigefinger an die Wangen zwischen oberen und unteren Backenzähnen. Schiebe beim Singen die Zeigefinger mit den Wangen zwischen die Zähne: So löst sich dein Kinn. Senke ausatmend die Arme, entspanne kurz deine Schultern und bleibe dabei ruhig und aufrecht stehen. Wiederhole alles im Rhythmus.

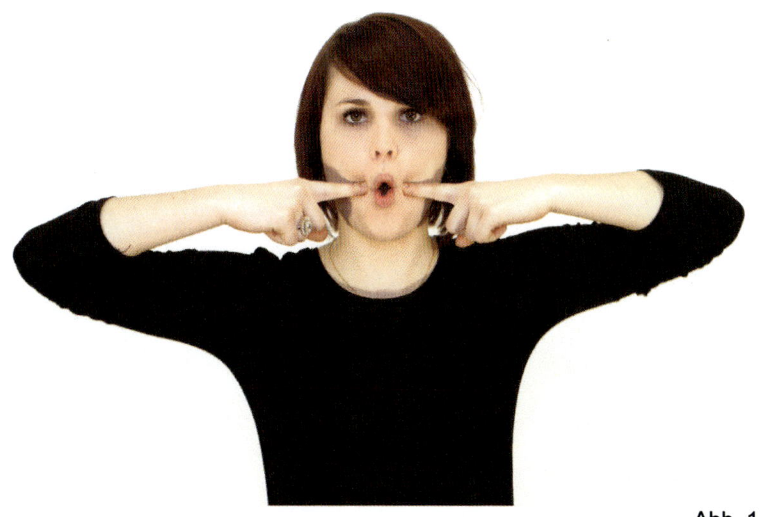

Abb. 1

Dein Körper bekommt jetzt durch das kontinuierliche Atmen mehr Sauerstoff. Sollte es dir schwindelig werden, setze dich kurz hin, die Hyperventilation wird durch weiteres Üben verschwinden.

Bleibe immer bei dieser Übemethode: Ausatmen und evtl. Arme senken - Einatmen und evtl. Bewegung - Singen und evtl. Bewegung in gleichbleibendem Rhythmus. Dasselbe dann einen Halbton tiefer oder höher.

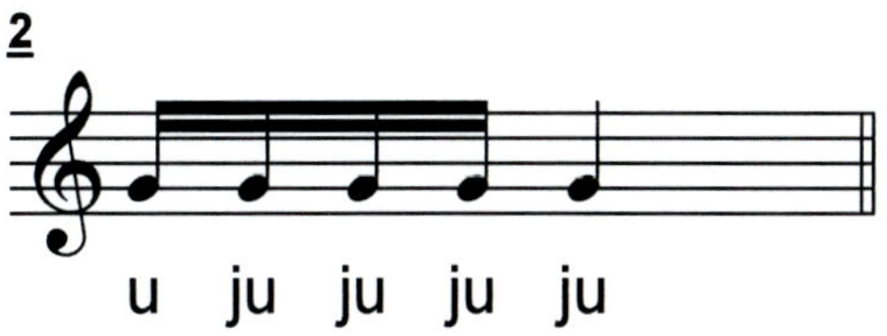

Führe dieses Mal einatmend deine Zeigefinger mit einer großen seitlichen Armbewegung an die Mundwinkel, drücke die Lippen zu einer Schnute und bringe deine Finger direkt neben den Eckzähnen zwischen die Backenzähne. Spüre deine Zunge, sie bildet das *j* in der Schnute.

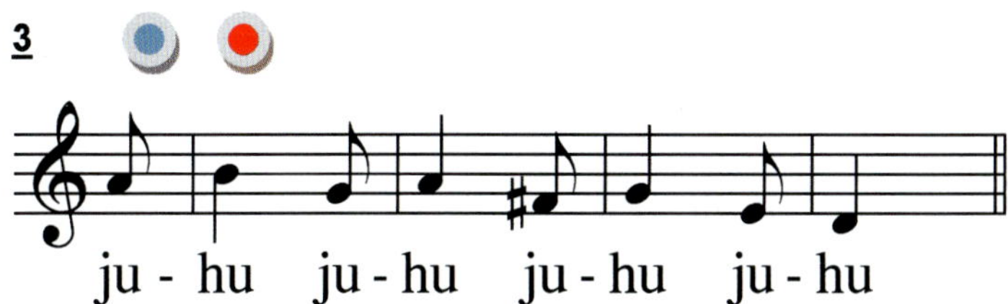

Bei Übungen im 3/8 Takt (s. Übung 3) entspricht ein Schlag einer punktierten Viertelnote. Das Ausatmen bekommt also eine punktierte Viertel, das Einatmen geschieht während einer Viertelnote. Der Auftakt wird wie notiert gesungen.

Wirf jeweils auf der Silbe *hu* einen Arm zur Seite. Sei, während du das *j* bildest, bereits mit den Lippen in der Schnute. Bewege jetzt nur die Zunge, Lippen und Kinn bleiben ruhig.

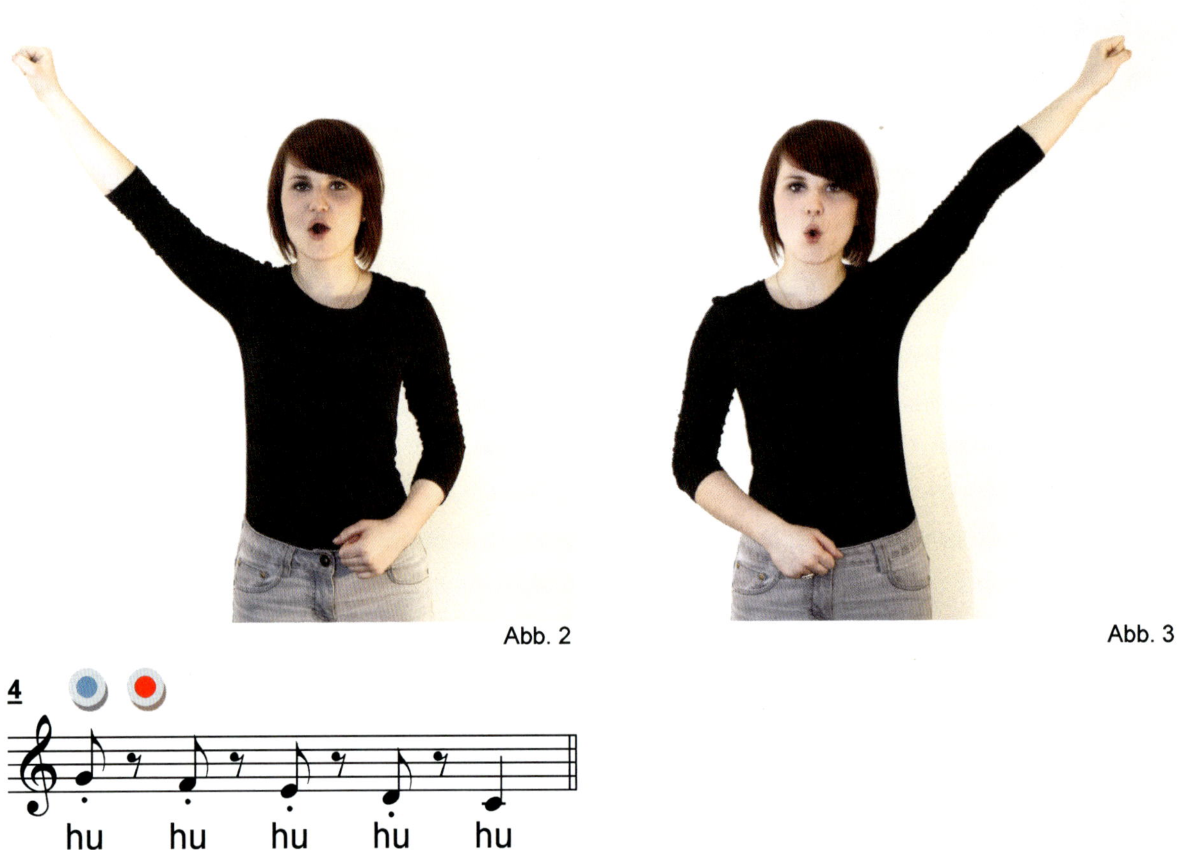

Abb. 2

Abb. 3

Denke daran: Zuerst ausatmend die Arme hängen lassen, dann einatmend die Arme über die Seiten hochnehmen. Lege deine Hände beim Singen oberhalb des Bauchnabels zwischen die Rippenbögen. Spürst du die Bewegung unter deinen Händen? Sie entsteht durch das **Zwerchfell**, einem Muskel, der beim Singen eine zentrale Rolle einnimmt. Jetzt versuche bei jedem Ton bewusst diesen Zwerchfellimpuls, im Folgenden nur noch „Impuls“ genannt, zu verstärken.

Wenn du die Zwerchfellbewegung anfangs noch nicht spürst, verstärke das *h* in der Übung. Werde dir dabei bewusst, wie ruhig Kinn, Lippen und Zunge sind.

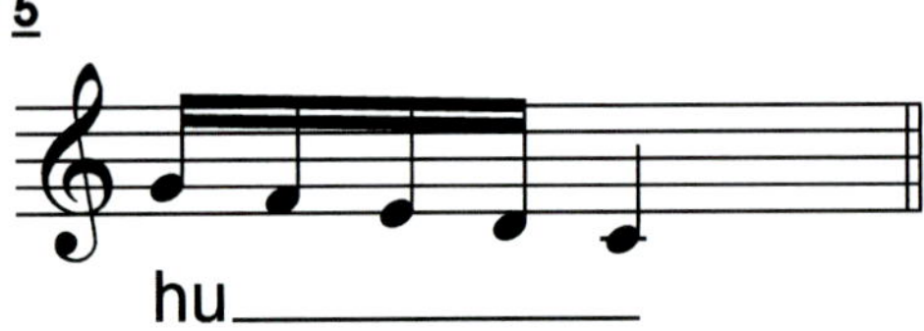

Stecke singend den Zeigefinger in den Mund, ohne dass er die Zähne berührt und singe mit Schnute. Diese Mundstellung: „Schnute mit heruntergelassenem Kinn“ ist ungewohnt und muss geübt werden. Die Zunge liegt locker im Mund und wird nicht zurückgezogen, ihre Spitze berührt die unteren Schneidezähne. Dadurch wird dein Vokaltrakt, der Raum vom Kehlkopf bis zu den Lippen, optimal zur Klangentfaltung genutzt.

Jetzt wiederhole alle Übungen dieser Lektion vor einem Spiegel und achte dabei auf Folgendes: Die Lippen formen eine Schnute, das Kinn ist so weit unten, dass dein Zeigefinger in den Mund passt.

LEKTION 2

Dein Körper als Instrument
Der richtige Stand: Die Knie

Stelle dich aufrecht hin, sodass eine Katze zwischen deinen Beinen hindurch laufen kann. Drücke die Knie mit aller Kraft nach hinten. Danach beuge leicht deine Knie und verharre in jeder Position einige Sekunden. Wiederhole dies dreimal.

Jetzt wiederhole die gesamte Körperübung der Lektion 1 („Der richtige Stand“) und achte zum Schluss auf deine Knie: Sie sollen weder durchgedrückt noch gebeugt, sondern gerade und locker sein.

Übungen für die U-Form

6

Vorübung: Schließe die Augen und sprich ein *u* . Bei einem richtig gesprochenen *u* hebt sich der Gaumen und senkt sich der Kehlkopf. Versuche so zu singen.

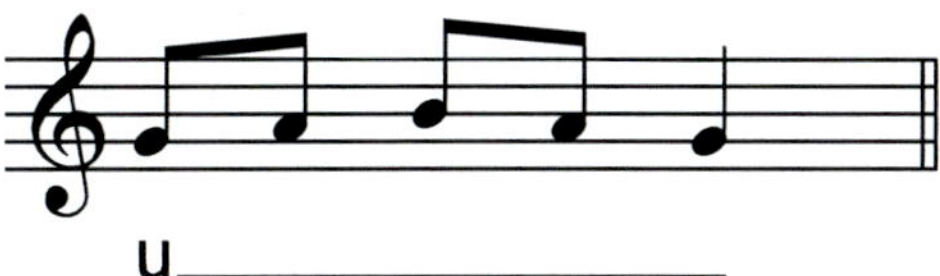

Atme zuerst stark aus. Nimm dann einatmend einen Arm ganz hoch. Senke nun singend diesen Arm und hebe dabei den anderen. Wechsle die Arme bei jeder Viertelnote. Hebe auch in der dann folgenden Aus- und Einatmung je einen Arm. Übe so in Halbtonschritten weiter, zuerst aufwärts, danach wieder abwärts.

Gehe im zweiten Durchgang bei jeder Viertelnote einen Schritt und behalte gleichzeitig die Armbewegung bei.

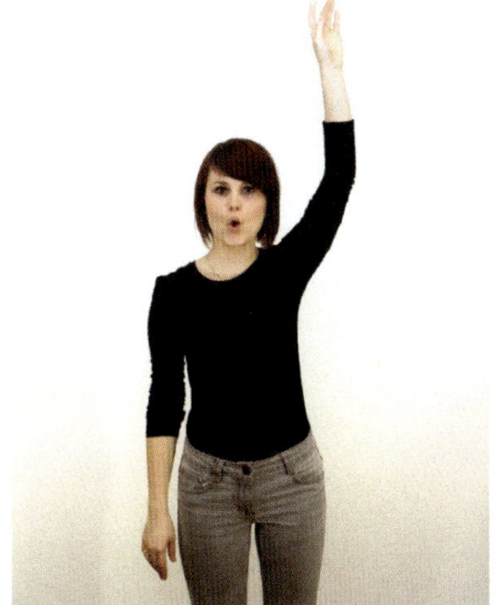
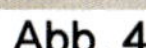
Abb. 4

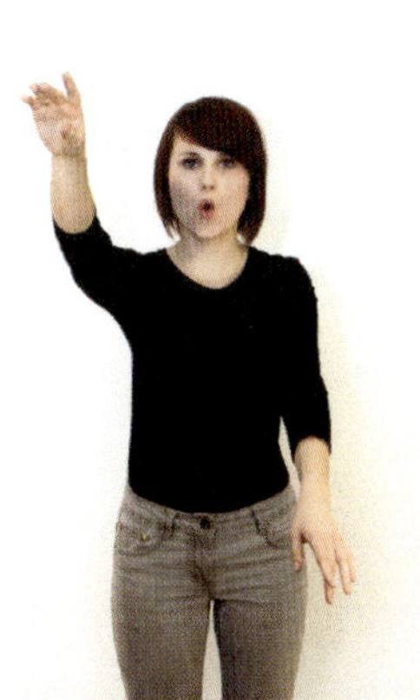
Abb. 5

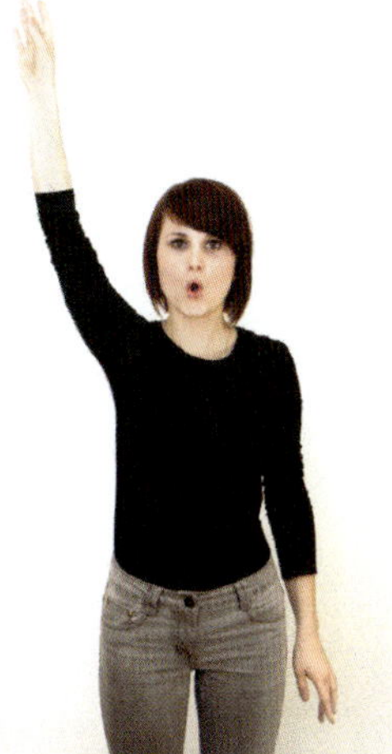
Abb. 6

Achte auf die Schnute, das gelöste Kinn, die lockere Zunge und den vertikal in die Länge gezogenen Mundraum. Im Folgenden wird diese Mundstellung nur noch **U-Form** genannt.

7

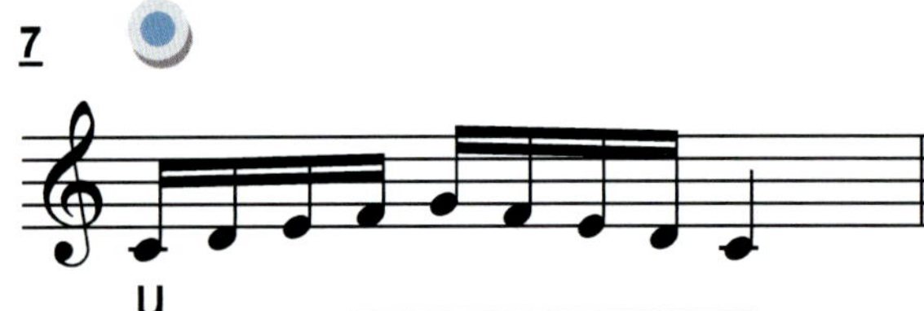

Gehe ausatmend in die Rumpfbeuge, du stehst also mit hoch gehobenen Armen (s. Abb.7) und beugst dich dann so weit wie möglich nach vornüber - Nacken und Knie sind dabei entspannt (s. Abb.8). Richte dich einatmend auf und nimm die Arme dabei wieder ganz hoch (s. Abb.7). Jetzt senke die Arme so weit, dass deine Schultern bequem an ihrem Platz sind. Die Oberarme sind vom Körper entfernt, die Unterarme locker aufgerichtet. Diese Stellung erinnert an ein **W**. Die Position wird im Folgenden „Singen mit aufgestellten Armen“ genannt. Gib, sobald du diese Haltung erreicht hast, einen starken Impuls und singe (s. Abb.9).

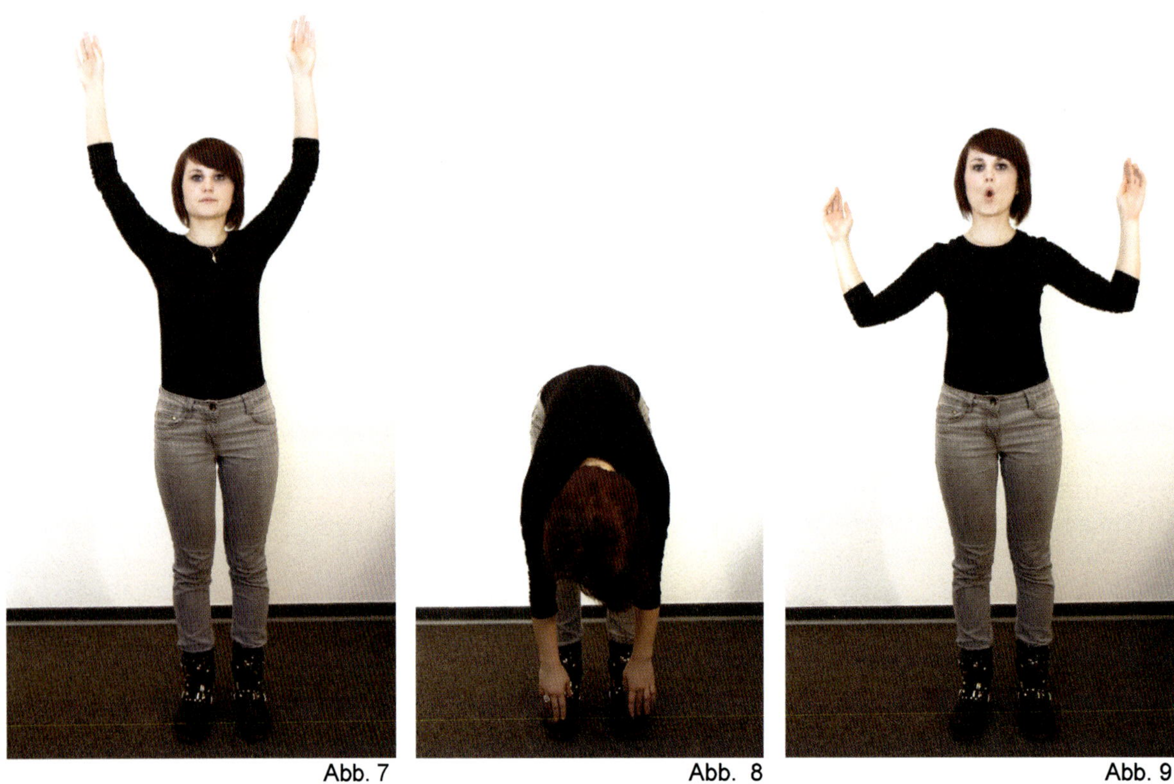

Abb. 7 Abb. 8 Abb. 9

8

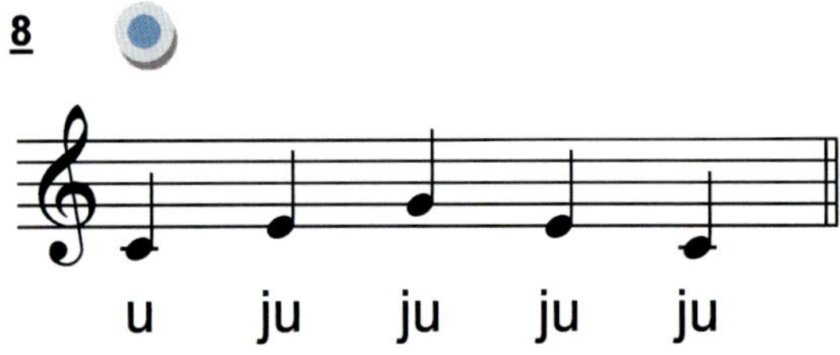

Denke sofort an die Schnute und das gelöste Kinn. Atme aus. Nimm einatmend die Arme seitlich ausgestreckt halb hoch und bringe sie singend mit den Handflächen nach oben über den Kopf. Bleibe, während du das *j* mit der Zunge bildest, mit den Lippen in der U-Form. Dann ausatmend die Arme - wiederum seitwärts - fallen lassen und dabei kurz entspannen.

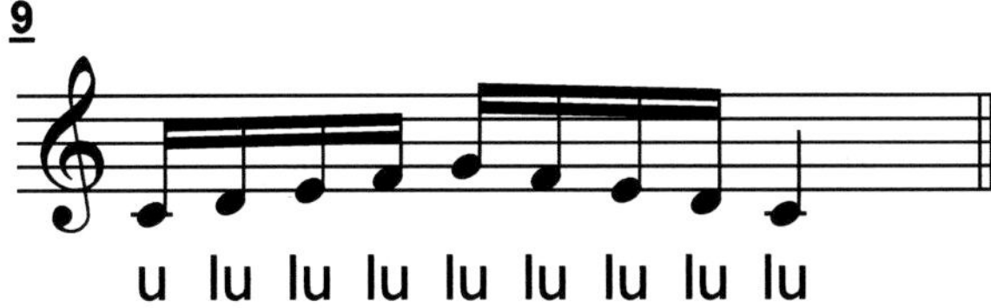

Nimm einatmend die Arme hoch und singe mit aufgestellten Armen (s. S.10 Abb.9). Die U-Form wird nicht durch das *l* gestört. Spüre, mit welchem Teil der Zunge du das *l* bildest. Vergleiche das *l* mit dem *j* .

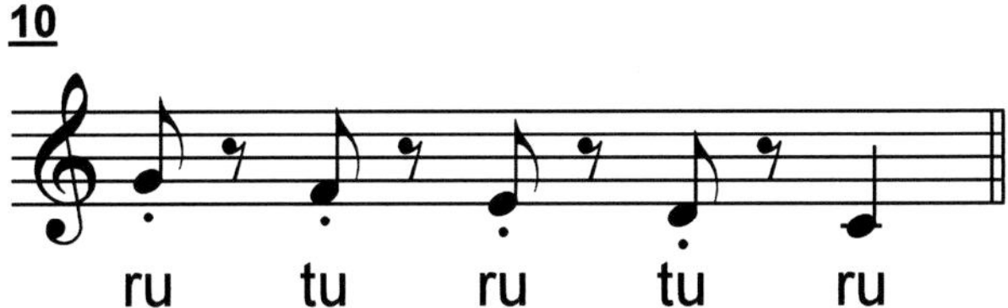

Beim Zungenspitzen-*R* und beim *t* wird dein Mundraum gestört, weil das Kinn hoch muss, um den Konsonanten zu bilden. Also bringe dein Kinn sofort nach dem jeweiligen *r* und *t* wieder herunter. Dadurch bekommt das *u* viel Klangraum. Ersetze das *r* durch ein *w* , wenn dir das *r* schwer fällt.

Zum Schluss wiederhole alle Übungen vor dem Spiegel und übernimm die folgenden Bewegungen der Lektion 1:

- Zeigefinger zwischen die Backenzähne
- Zeigefinger in den Mund
- Hände auf das Zwerchfell
- Zeigefinger an die Mundwinkel
- je einen Arm zur Seite werfen

LEKTION 3

Dein Körper als Instrument
Der richtige Stand: Das Becken

Kreise langsam mit dem Becken, als hättest du einen Hula-Hoop-Reifen um deine Hüften. Mache den Kreis immer kleiner und ende an seinem Mittelpunkt. Wechsle die Richtung und drehe dich langsam wieder aus diesem Schneckenhaus heraus, deine Bewegungen werden also wieder größer. Behalte diese Richtung bei und lasse den Kreis wieder kleiner werden. Schraube dich nach innen zurück zum Mittelpunkt. Fühle, dass du jetzt nicht im Hohlkreuz stehst, sondern das Becken leicht nach vorne gekippt ist.

Stelle dich mit Rücken und Fersen gegen eine Wand. Spüre Becken, Schulterblätter und Hinterkopf an der Wand. Jetzt drücke zuerst dein Hohlkreuz gegen die Wand und nimm es wieder zurück. Kopf und Schultern halten Kontakt zur Wand, das Becken bewegt sich dadurch vor und zurück. Wiederhole diese Bewegung einige Male.

Versuche dieselbe Übung ohne Wand: Das Becken wird dabei nach vorne gekippt. Auf dem Boden liegend ist das Kippen des Beckens noch leichter zu spüren.

Übungen für die U-Form

11

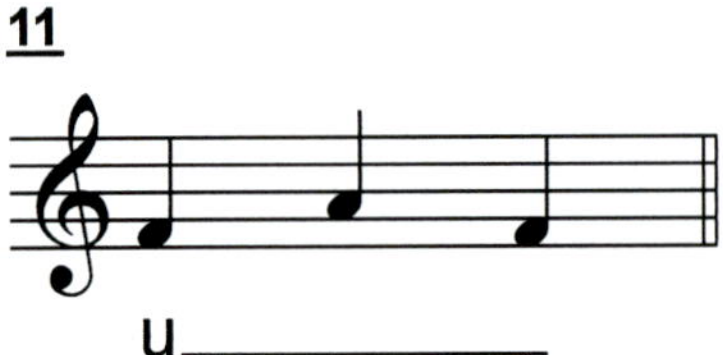

Denke an die U-Form. Falls dir das noch schwerfällt, stecke singend die Zeigefinger zwischen die Backenzähne. Wie immer zuerst stark ausatmen, danach einatmend einen Arm heben. Jetzt singend „einen Faden aus der Brust ziehen“: Du nimmst mit Daumen und Zeigefinger einen imaginären Faden und ziehst ihn waagerecht in einer fließenden Bewegung zuerst nach vorne und dann zur Seite. Benutze bei der Wiederholung deinen anderen Arm.

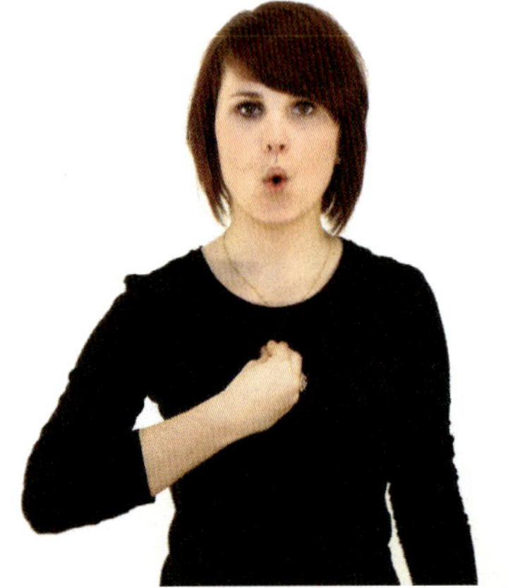

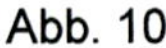
Abb. 10

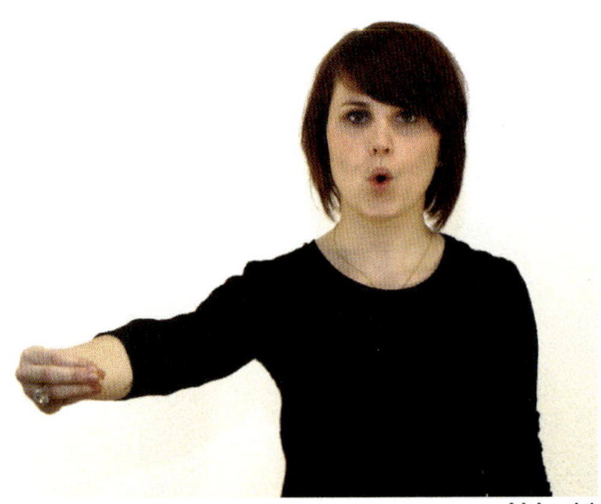
Abb. 11

12

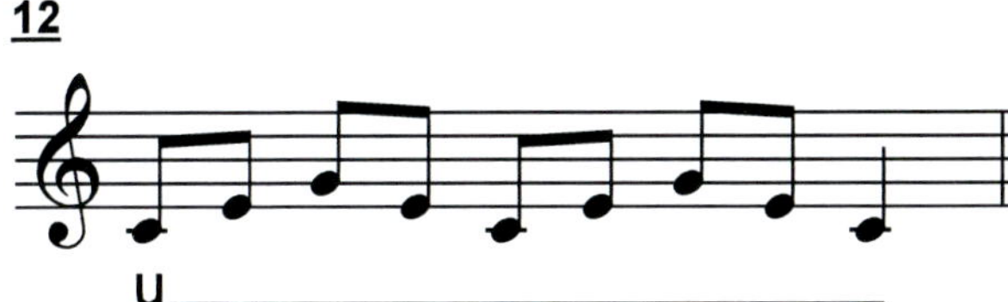

Einatmend ein Bein so anheben, dass sich das Knie beugt. Dann singend den Unterschenkel vor und zurück schaukeln und ausatmend das Bein senken. Wiederhole diese Übung mit dem anderen Bein. Wenn dein Kinn nicht gelöst ist, stecke die Zeigefinger an den Wangen zwischen die Backenzähne.

13

Vorübung: Sprich das Wort „Morgen". Sprich es erneut und bleibe dabei lange im *o* . Das ist ein sogenanntes **offenes *o*** . Denke zunächst immer an ein offenes *o* , wenn du *a* siehst. Es hilft dir dabei, den gehobenen Gaumen des *u* mit ins *a* zu nehmen.

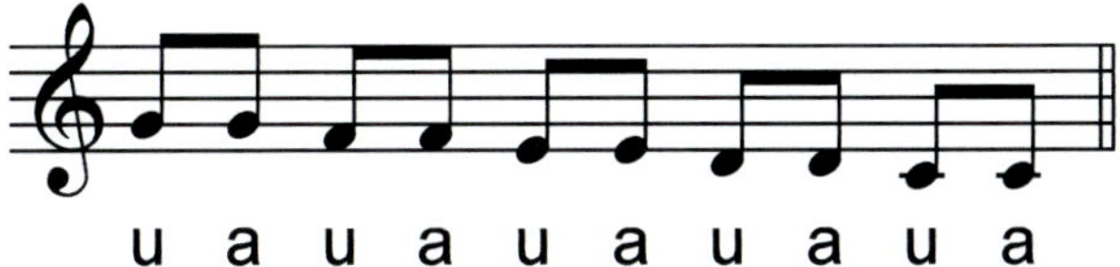

Wenn du vom *u* zum *a* gehst, bewege Kinn und Mundraum nicht, sondern öffne deine Lippen so, dass sie leicht nach außen gestülpt sind. Die Mundwinkel werden dabei nicht in die Breite gezogen.

Wiederhole die Übung mit den Handflächen an den Wangen.

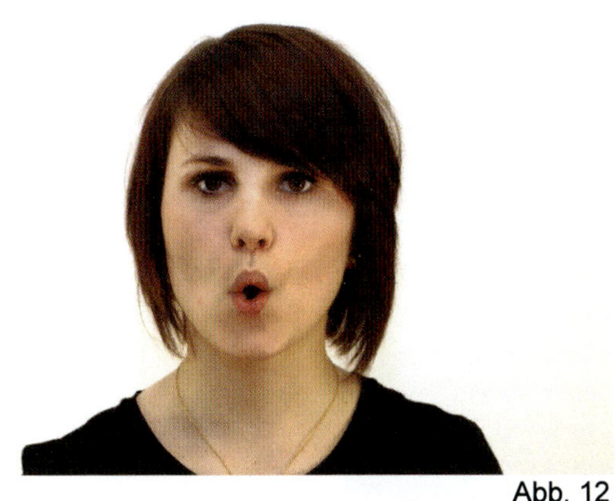
Abb. 12

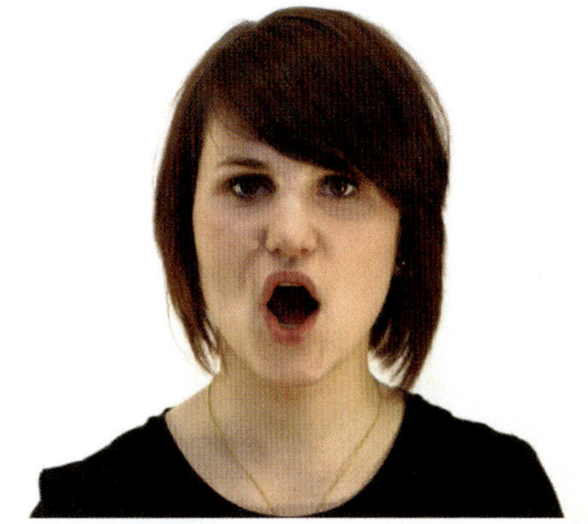
Abb. 13

Übungen für die A-Form

Übungen mit dem Vokal *a* trainieren die Bruststimme. Sie beeinflusst in erster Linie die Lautstärke des Gesangs. Der Vokal *i* bringt „Glanz" in die Stimme.

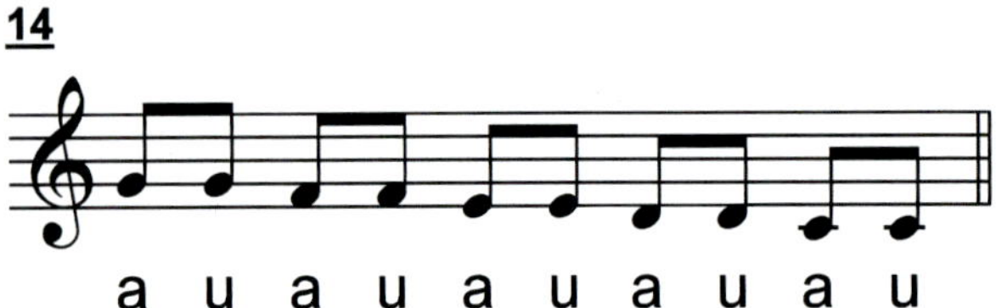

Denke beim *a* an das offene *o*. Beginne mit nach außen gestülpten Lippen und mache eine aktive Lippenbewegung zum *u*.

Nimm als nächstes einatmend die Arme in einer ausladenden seitlichen Bewegung zu den Wangen hoch und lege singend die Zeigefingerspitzen an die Mundwinkel. Wiederhole die Übung.

Zum Schluss singe die Übungen Nr.13 und 14 vor dem Spiegel und lege dabei die Handflächen an deine Wangen. Spüre, dass das Kinn gelöst und ruhig ist und die Zunge locker im Mund liegt. Nur deine Lippen arbeiten.

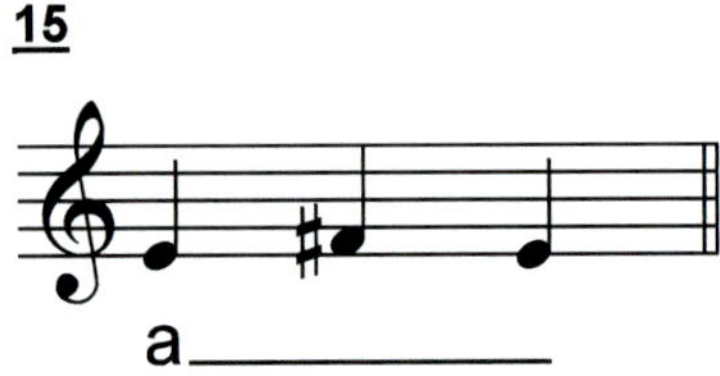

Nimm einatmend einen Arm hoch und stecke singend Mittel- und Zeigefinger einer Hand übereinander in den Mund. Denke daran, ein offenes *o* zu singen.

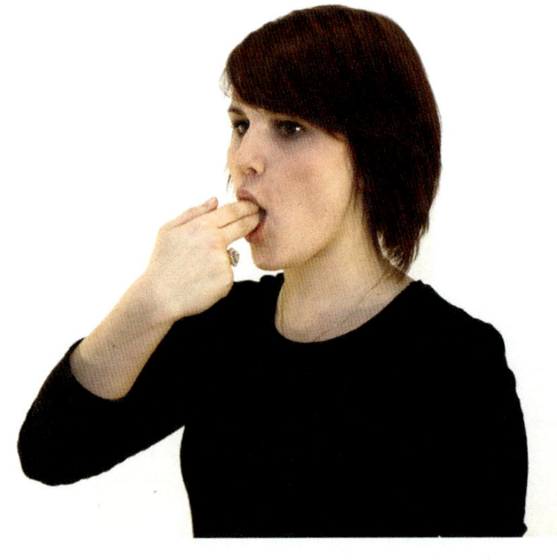

Abb. 14

Literaturübung

Singe zuerst noch einmal Übung 3 (s. S.7) und empfinde dabei besonders das „Juhu!“

"Bruder Jakob" auf lu

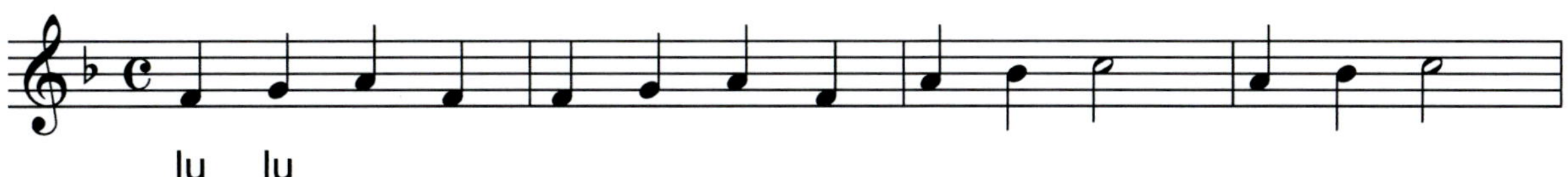

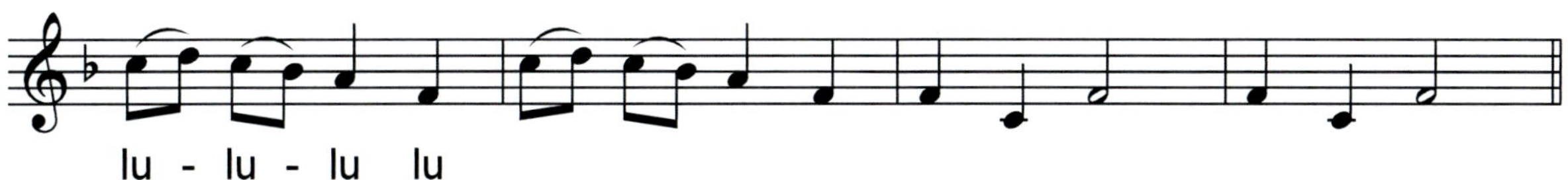

Singe aktiv.

Übe auch so: Hebe einatmend einen Arm, ziehe singend über die ersten beiden Takte „einen Faden aus der Brust“ (s. S.12 Abb.10 u. 11). Atme wieder ein, indem du den anderen Arm zur Brust führst und den ersten Arm senkst. Mache die gleiche Bewegung erneut beim Singen des dritten und vierten Taktes usw.

LEKTION 4

Dein Körper als Instrument
Der richtige Stand: Die Schultern

Ziehe beide Schultern bis unter die Ohren hoch und senke sie dann wieder so weit wie möglich nach unten. Wiederhole dies sehr langsam dreimal.

Jetzt bring deine Schultern langsam so weit wie möglich nach vorn und anschließend ganz nach hinten. Bleibe dabei aufrecht stehen. Mache diese Übung ebenfalls dreimal.

Zum Schluss kreise dreimal mit den Schultern. Mache den Kreis so groß wie möglich, dann wechsle die Richtung. Bleibe dabei aufrecht und ruhig im Oberkörper.

Nun finde eine entspannte Position für deine Schultern.

Übungen für die U-Form

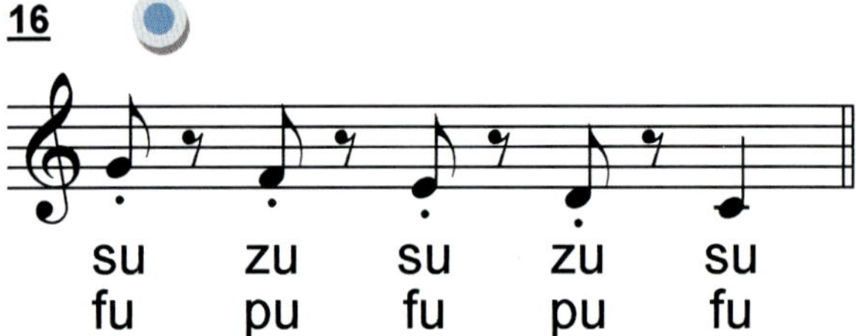

U-Form, bewegliches Kinn: Nach jedem Konsonanten viel Mundraum schaffen! Spüre deinen Impuls und verstärke ihn bewusst. Setze alle Konsonanten ein, ohne dabei die Mundwinkel breit zu ziehen. Kontrolliere dich vor dem Spiegel.

Übe auch so: Einatmend die Zeigefinger vor die Ohren bringen. Spüre beim Singen die Bewegung des Kiefergelenkes.

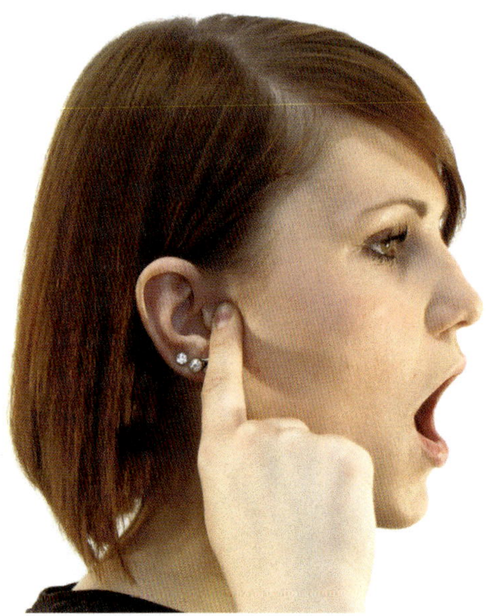

Abb. 15

Singe das folgende Lied in angenehmer Tonlage und ersetze alle Vokale durch ein *u* .

"Drei Verliebte mit dem Kontrabass"

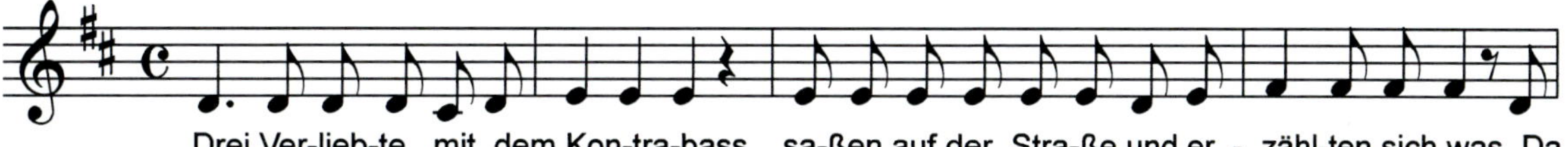

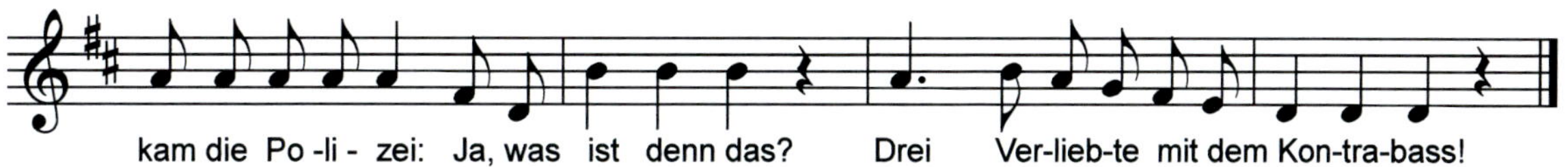

Ordne nun die Konsonanten

b , ch , d , f , g , h , j , k , l , m , n , ng , p , qu , r , s , sch , t , v , w , x , z

einer der folgenden neun Rubriken zu:

1. nur Lippen ________________________
2. Lippen und Zähne ________________________
3. nur Zunge (vorne) ________________________
4. nur Zunge (Mitte) ________________________
5. nur Zunge (hinten) ________________________
6. nur Zunge (vorne und Mitte) ________________________
7. nur Zunge (hinten und Mitte) ________________________
8. nur Zäpfchen ________________________
9. ohne Verschluss ________________________

Übungen für die A-Form

<u>17</u>

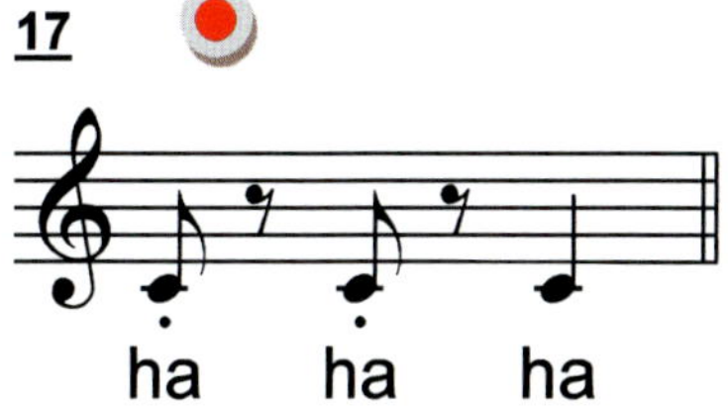

Übe in Halbtonschritten nach unten, so weit dies leicht geht.

Um deine Bruststimme hervor zu holen, singe bei dieser Übung ein klares *a* (dieses Mal also kein offenes *o*). Das *a* soll metallisch klingen, als ob du jemanden rufst. Gelingt dir das noch nicht, rufe: „Halt! Platz da! Na so was! Hallo! Nein!“ Danach wiederhole die Übung, dabei soll die Empfindung im Kehlkopf beim Singen und Rufen gleich sein.

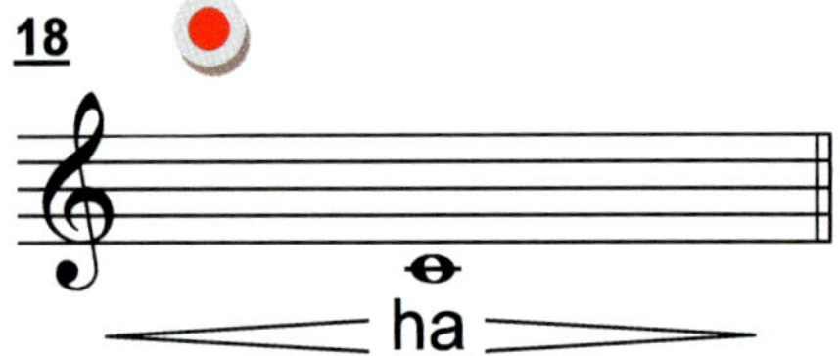

Stelle einatmend deine Fingerspitzen oberhalb und unterhalb des Nabels auf den Bauch. Drücke singend zunehmend mehr auf die Bauchdecke, bis die Übung zu Ende ist. Falls es in deinem Hals kitzelt, singst du zu laut: Sofort Lautstärke zurücknehmen.

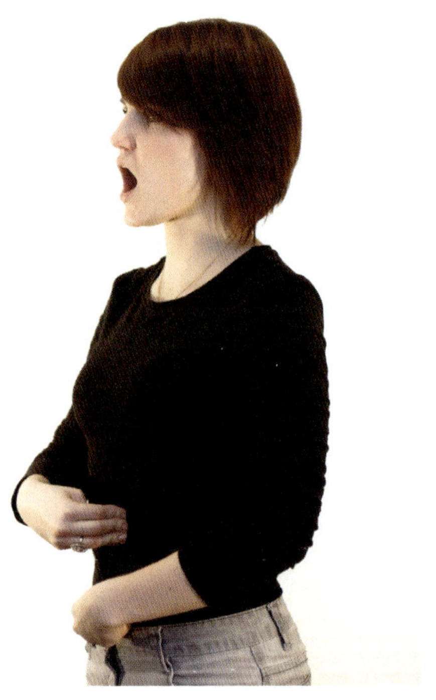

Abb. 16

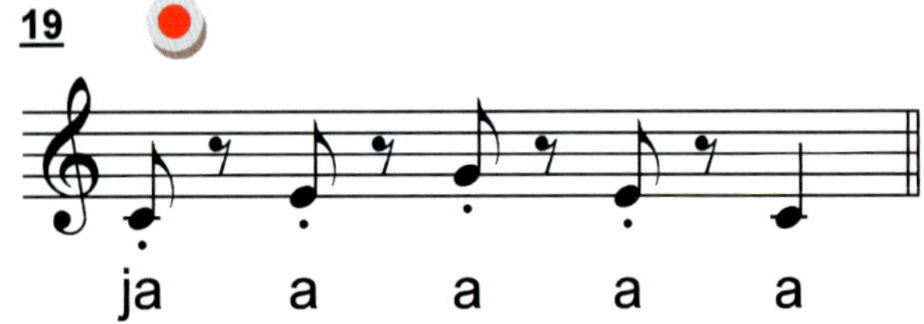

Singe fröhlich.

Denke an das offene *o* : Die leicht nach außen gestülpten Lippen, das gelöste Kinn, die lockere Zunge und das offene *o* ergeben ein dunkles *a* (phonetisch: **ɔ**), im Folgenden **A-Form** genannt.

Einatmend Arme über die Körpermitte heben und singend bei jedem Ton mit aufgestellten Armen schnipsen. Dein Kinn löst sich bereits bei der Einatmung, das *j* wird nur mit der Zunge gebildet, Kinn und Lippen sind dabei ruhig. Spürst du deinen Impuls?

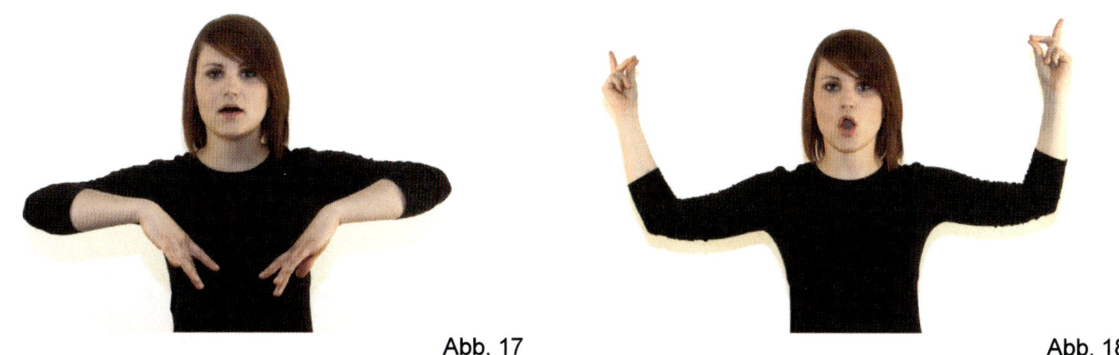

Abb. 17 Abb. 18

20

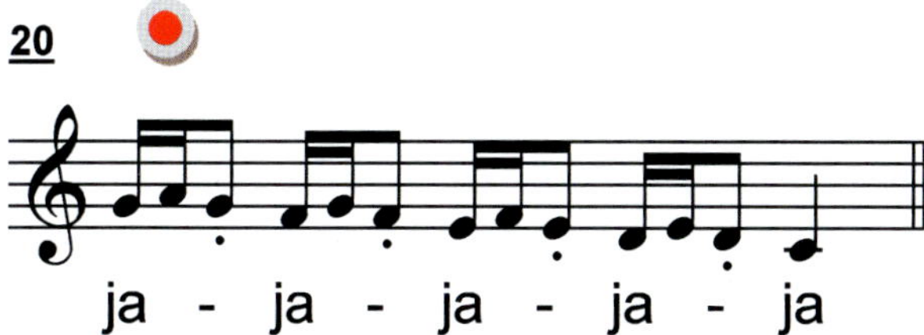

Singe technisch und vom Ausdruck wie in Übung 19. Wirf dabei singend auf jedes „ja“ von der Mitte aus einen Arm zur Seite (s. S.8 Abb.2 u. 3).

Literaturübung

"Kommt und lasst uns tanzen, springen" auf a - o

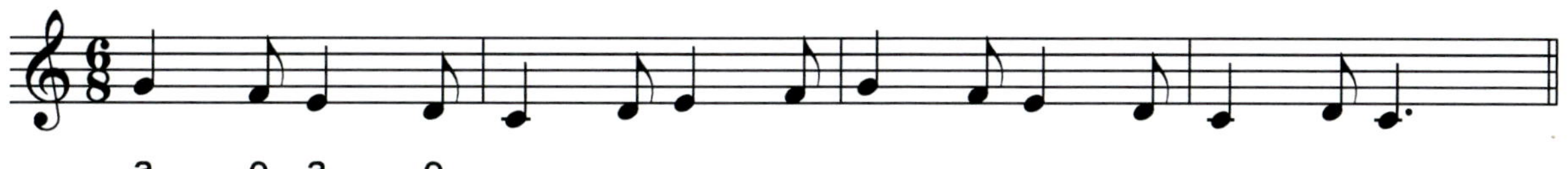

Singe fröhlich und tänzerisch.

Übe auch so: Strecke beide Arme waagerecht zur Seite aus, die Handflächen zeigen dabei zum Boden. Drehe einatmend deinen Oberkörper zu einer Seite und danach singend zur anderen. Führe diese Bewegung bis zum Ende des Liedes langsam aus. Wenn erforderlich, kannst du auch während des Singens die Richtung wechseln.

LEKTION 5

Dein Körper als Instrument
Der richtige Stand: Der Kopf

Die nachfolgenden Bewegungen werden so langsam wie möglich ausgeführt:

Strecke deinen Kopf waagerecht ganz nach vorne, die Schultern und der Oberkörper bleiben dabei ruhig. Jetzt ziehe den Kopf ganz zurück wie eine Schildkröte (dreimal).

Als nächstes neige deinen Kopf seitlich zu einer Schulter, danach zur anderen Schulter (dreimal).

Anschließend neige den Kopf soweit es geht nach vorne und nimm ihn soweit es geht zurück („Ja- Sagen“).

Zum Schluss mache dreimal die Bewegung des „Nein Sagens“ (Kopfschütteln).

Jetzt suche eine entspannte Position für deinen Kopf.

Übungen für die U-Form

21

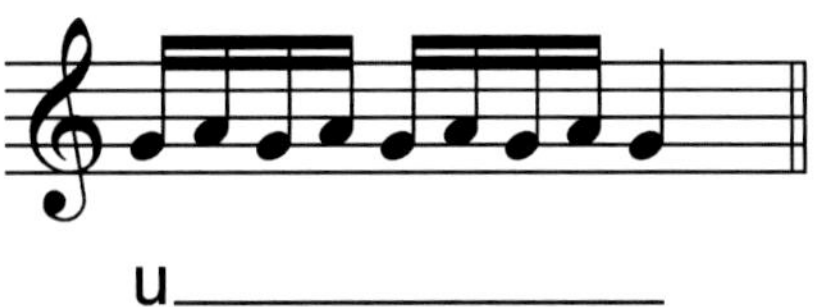

Singe mit aufgestellten Armen. Beginne in dem Moment mit einem Impuls zu singen, in dem deine Arme in einer bequemen Position angekommen sind. Spüre die Ruhe von Lippen, Kinn und Zunge. Kannst du die Kehlkopfarbeit wahrnehmen?

22

Vorübung: Sprich zuerst zweimal „Mond“. Beim zweiten Mal verharre lange im *o:* *(Moooond).*
Dann sprich zweimal „Sonne“. Beim zweiten Mal verharre lange im *o:* *(Sooonne).*

Das offene *o* in „Sonne“ hast du anstelle des *a* schon gesungen. Jetzt bemühe dich, ein geschlossenes *o* wie bei „Mond“ zu singen. Denke dabei an ein *u* .

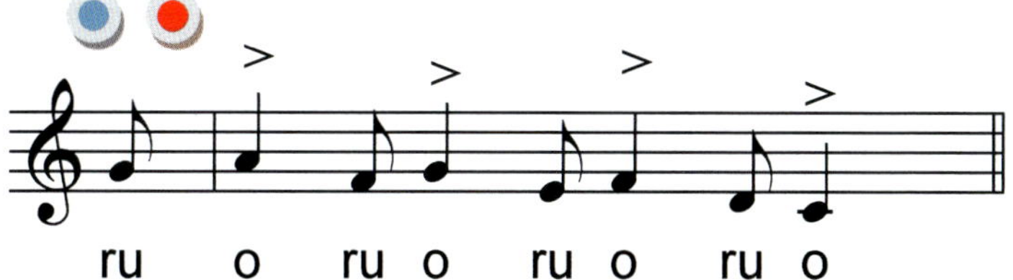

Schlage beim *o* abwechselnd mit den Fäusten vor deinem Bauch in die Luft. Öffne zum *o* die Lippen nicht! Die Veränderung findet nur im Mundraum statt. Es reicht, wenn du *o* denkst. Schau es dir im Spiegel an, die Öffnung der Lippen ist ungefähr so groß wie eine Kirsche.

Benutze wenn möglich das Zungenspitzen-*R* , wodurch Zwerchfell und Bauchmuskulatur stärker als beim Zäpfchen-*R* aktiviert werden. Zudem bleibt so der Rachen weit und das Singen wird erleichtert. Das Zungenspitzen-*R* wird in der klassischen Literatur bevorzugt eingesetzt.

23

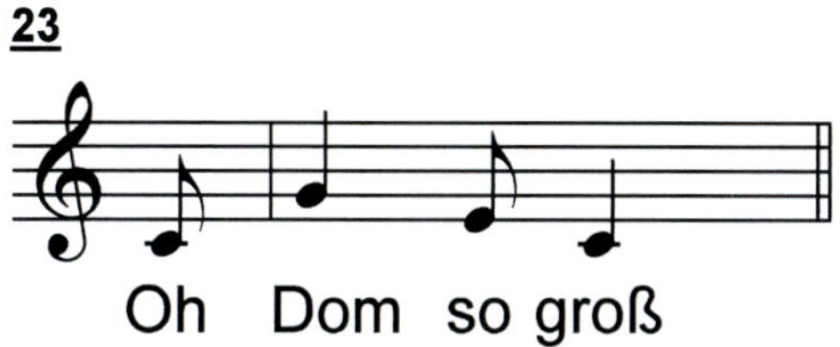

Stelle dir vor, du betrittst einen Dom. Atme vor Bewunderung erstaunt ein. Empfinde den großen Raum und singe mit dieser Empfindung.

Bringe deinen Zeigefinger mit der Kuppe hinter die oberen Schneidezähne. Jetzt fahre damit am Gaumen entlang nach innen. Wusstest du, dass auch in dir solch ein Gewölbe ist? Hier hat dein Ton Raum zum Schwingen. Löse also das Kinn, lass es fallen und nutze den ganzen Mundraum zur Klangentwicklung. Wiederhole die Übung und betone die Konsonanten.

Übungen für die A-Form

24

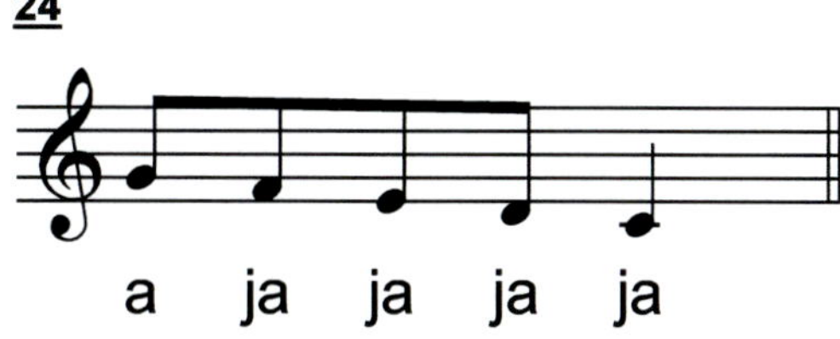

Singe liebevoll.

Singe in der A-Form (s. S.18 Kasten). Denke daran, zuerst stark auf *f* auszuatmen und dabei Arme und Schultern zu entspannen. Bringe einatmend die Arme so vor dich, als wolltest du jemanden umarmen. Führe sie singend in weitem Bogen auseinander. Am Ende jeder Übung stehst du mit ausgebreiteten Armen. Du weißt schon: Die Zunge führt das *j* aus, Kinn und Lippen bleiben ruhig. Übe auch in die Tiefe.

25

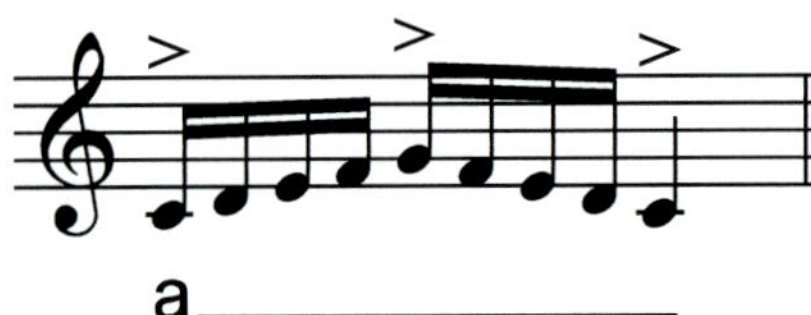

Singe mit aufgestellten Armen. Setze auf dem ersten, fünften und letzten Ton einen Impuls mit dem Zwerchfell.

Jetzt lerne etwas Neues: Lächle beim Singen, also spanne deine Wangenmuskeln an und bleibe trotzdem in der A - Form. Übe diese sowie Übung 24 noch einmal vor dem Spiegel und achte auf das Lächeln.

Literaturübung

Stelle dir eine Situation vor, in der du dich ausgesprochen wohl fühlst (im folgenden Lied ist es der Feierabend) und atme in diesem Gefühl ein. Gaumen und Wangen heben sich mit einem leichten Lächeln nach oben. Kinn und Zunge gehen gelöst hinunter, es entsteht Raum im Rachen. Zwerchfell und Bauchmuskeln lösen sich ebenfalls und dein Brustkorb ist geweitet.

"Oh wie wohl" auf wo

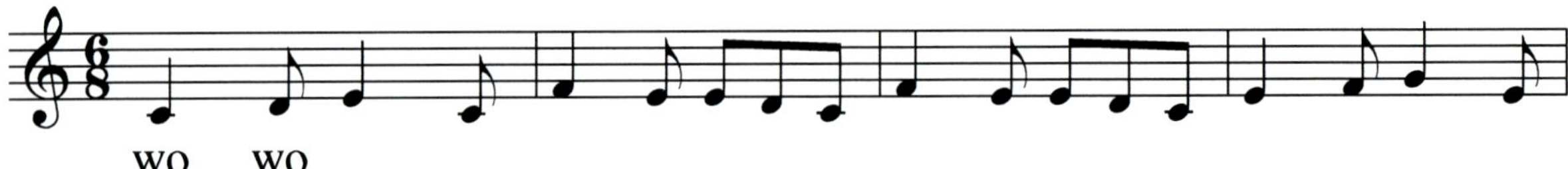

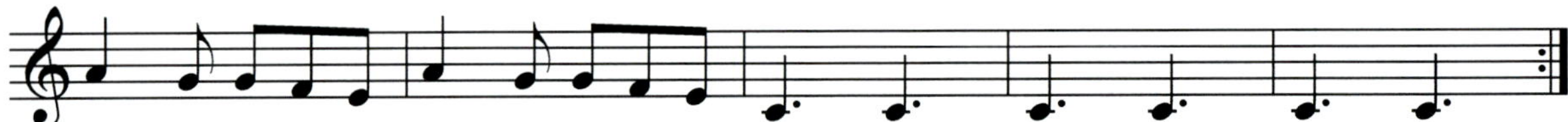

LEKTION 6

Dein Körper als Instrument
Der richtige Stand: Die Wirbelsäule

Strecke beide Arme hoch und gehe in die Rumpfbeuge (s. S.10 Abb.7 u. 8). Die Knie sind nicht durchgedrückt und der Nacken ist entspannt. Stehe dabei angenehm und pendle mit dem Oberkörper hin und her. Werde in dieser Pendelbewegung zuerst größer, dann wieder kleiner. Jetzt richte dich ganz langsam auf. Stelle dir dabei vor, dass du am untersten Ende der Wirbelsäule beginnst, einen Wirbel auf den nächsten zu setzen. Der Kopf bleibt also bis zum Schluss hängen und richtet sich als letztes auf.

Übungen für die U-Form

<u>**26**</u>

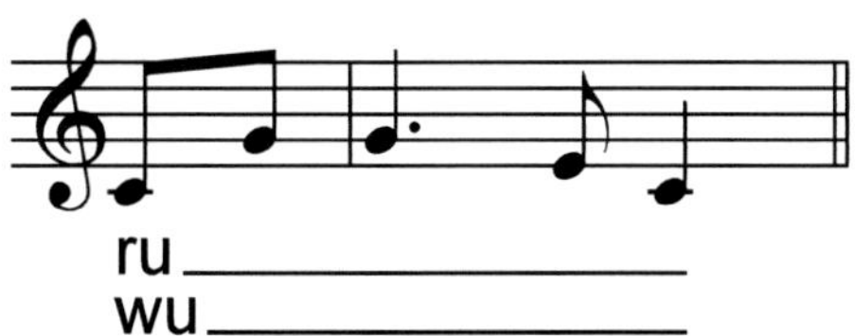

U–Form: Lippen zur Schnute formen und trotzdem Kinn herunter nehmen. Bringe einatmend deine Fingerkuppen ober- und unterhalb des Nabels auf den Bauch. Drücke singend beim oberen Ton auf den Bauch und halte den Druck bis zum Ende der Übung. Senke ausatmend deine Arme (s. S.18 Abb.16).

<u>**27**</u>

wo-u wo-u wo-u wo-u wo-u

Sprich ein starkes *w* und bilde es in der Schnute, ziehe also die Mundwinkel nicht in die Breite. Singe deutlich ein geschlossenes *o* und anschließend ein *u* . Übe auch dann rhythmisch, wenn du keine Bewegung ausführst.

Übungen für die A-Form

<u>**28**</u>

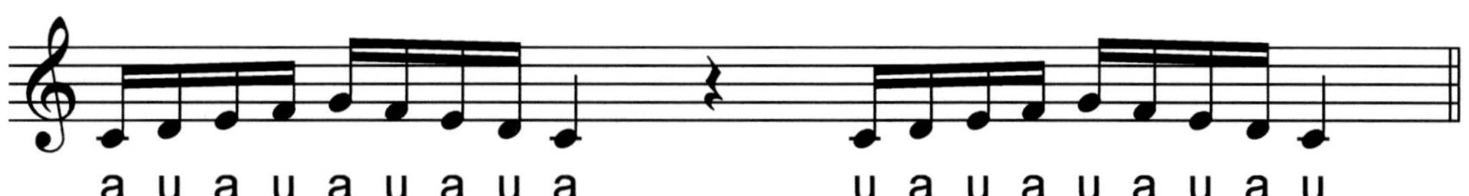

Beginne mit offenem *o* und bewege fleißig die Lippen von der A- zur U- Form. Hebe einatmend einen Arm und ziehe singend „einen Faden aus der Brust“. Hebe in der Pause einatmend den anderen Arm, während sich der erste senkt. Ziehe singend wieder „den Faden aus der Brust“ (s. S.12 Abb.10 u. 11).

29

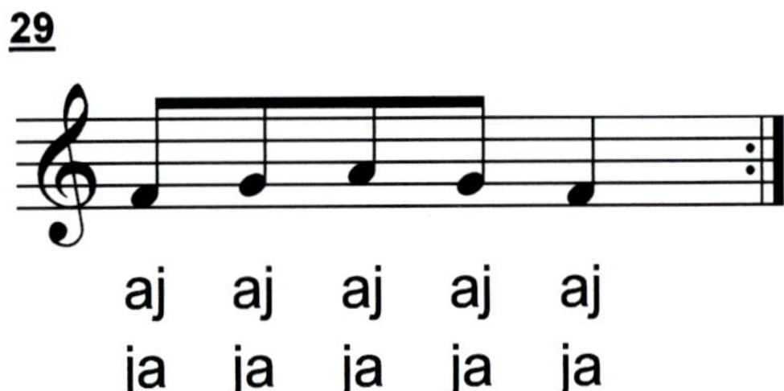

Denke an die A-Form und löse einatmend dein Kinn. Das Kinn bleibt, während du das *j* singst, unten. Beobachte: Kinn und Lippen sind ruhig, nur die Zunge arbeitet.

30

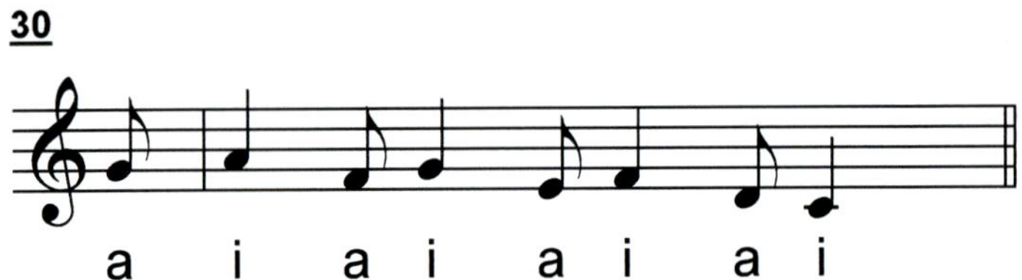

Ein *i* wird genauso gebildet wie ein *j* , allerdings verharrt die Zunge dabei in der *j*-Position. Die Mundwinkel werden nicht in die Breite gezogen, die Lippen bleiben in der A-Form.

Hebe einatmend einen Arm hoch und berühre singend beim *i* mit dem Zeigefinger deinen Scheitel. Übe auch in die Tiefe.

31

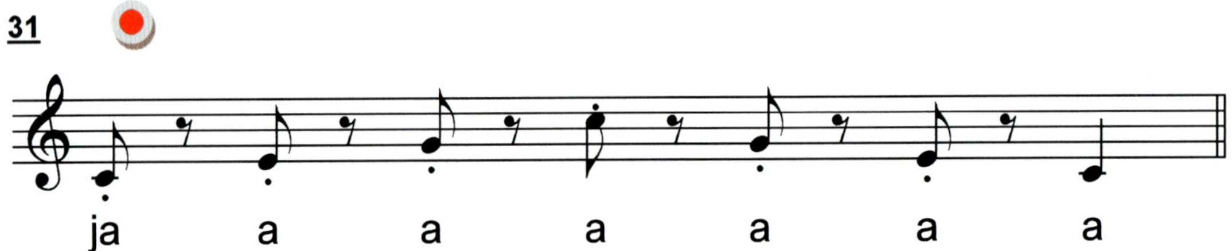

Lächle beim Singen und singe in der A-Form, die Mundwinkel bleiben also schmal. Schnipse bei jedem Ton mit breit aufgestellten Armen mit den Fingern (s. S.19 Abb.17 u. 18). Singe diese Übung so weit in die Höhe, wie es dir leicht fällt.

Wiederhole die Übung: Stecke beim oberen Ton Mittel- und Zeigefinger übereinander in den Mund. In der Höhe muss das Kinn weiter gesenkt werden als in der Tiefe (s. S.14 Abb.14).

Literaturübung

"Limu limu leimen" auf i - a

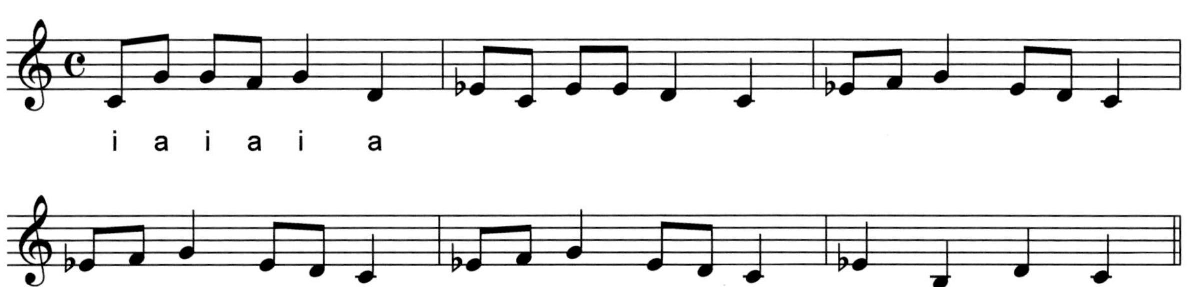

Übe auch mit der Bewegung „Faden aus der Brust ziehen“.

LEKTION 7

Dein Körper als Instrument
Der richtige Stand: Die Körperhaltung

Du hast jetzt alle Bausteine für einen guten Stand. Wiederhole die Körperübungen der vorangegangenen Lektionen in dieser Reihenfolge: 6, 1, 2, 3, 4, 5. Finde dabei einen angenehm elastischen Stand.

Übungen für die U-Form

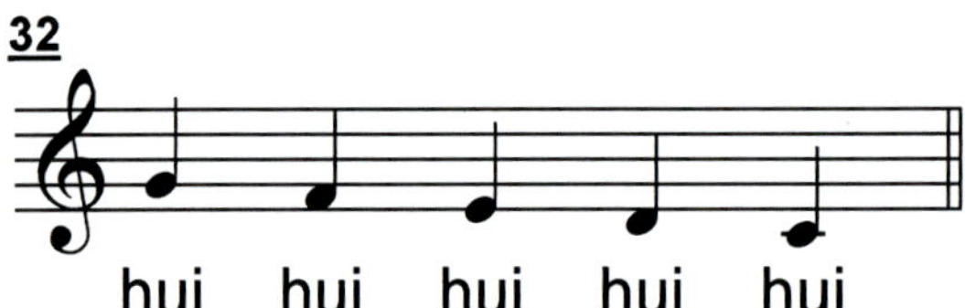

Gehe beim *i* mit der Zunge hoch und mit den Lippen in die A-Form (Mundwinkel also nicht breit ziehen). Mache starke *h* und spüre den Impuls vom Zwerchfell.

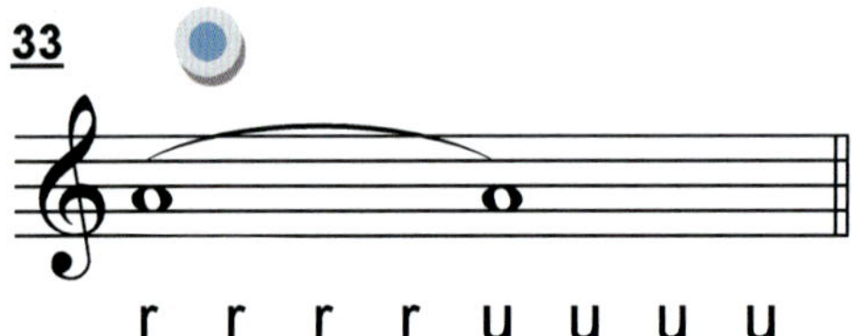

Fasse mit leicht angewinkelten Armen deine Hände vor der Brust. Drehe einatmend den Oberkörper zur Seite und drehe dich singend langsam zurück. Singe den ersten Teil der Übung im Zungenspitzen-*R* (wahlweise *w*) und halte deine Lippen unbedingt in der U-Form. Wechsle dann mit einem Impuls ins *u* . Nimm gleichzeitig das Kinn noch weiter herunter und drehe dich weiter. Drehe dich ausatmend zur Mitte zurück, lasse die Arme fallen und wiederhole die Übung.

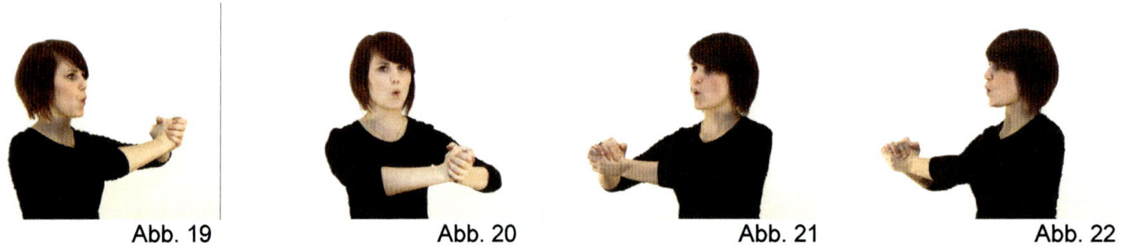

Abb. 19 Abb. 20 Abb. 21 Abb. 22

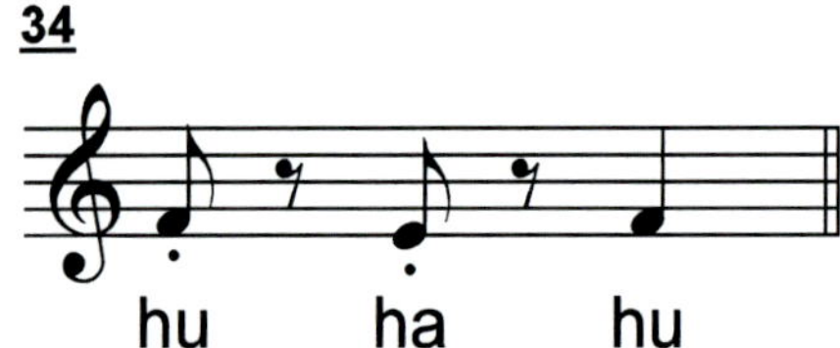

Strecke einatmend den linken Arm nach links und den rechten nach rechts aus und drehe in dieser Position beim Singen langsam deinen Oberkörper. Ausatmend Arme fallen lassen, dann beginne von vorne.

Übungen für die A-Form

35

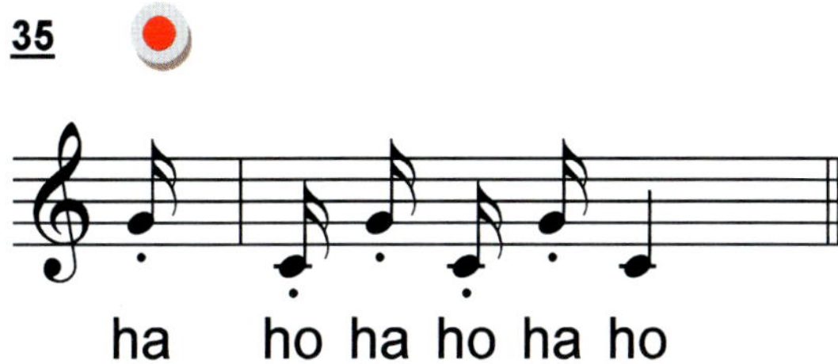

Singe fröhlich.

Lächle und singe so hoch, wie es angenehm geht. Lege singend die Außenseite deiner Finger an die unteren Rippen. Gehe dabei mit Storchenschritten im Metrum (Viertelnoten). Nimm einatmend ein Bein hoch und singe das *ha* . Beim *ho* ist der Fuß auf dem Boden. Nimm bei den nächsten Tönen den anderen Fuß hoch und setze ihn beim letzten *ho* ab. Gehe auch bei der folgenden Aus- und Einatmung jeweils einen Schritt.

Singe diese Übung auch in der Tiefe.

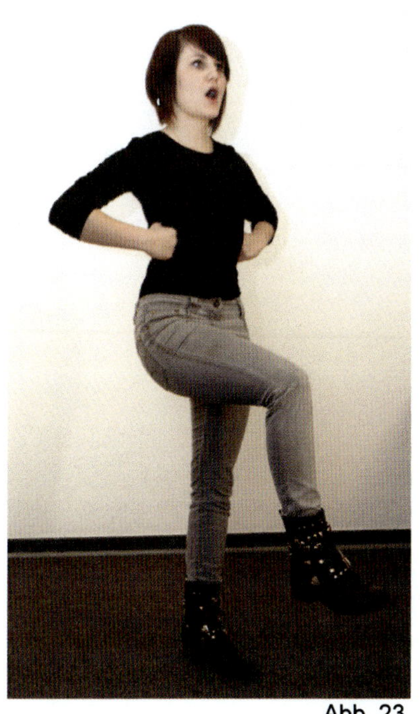

Abb. 23

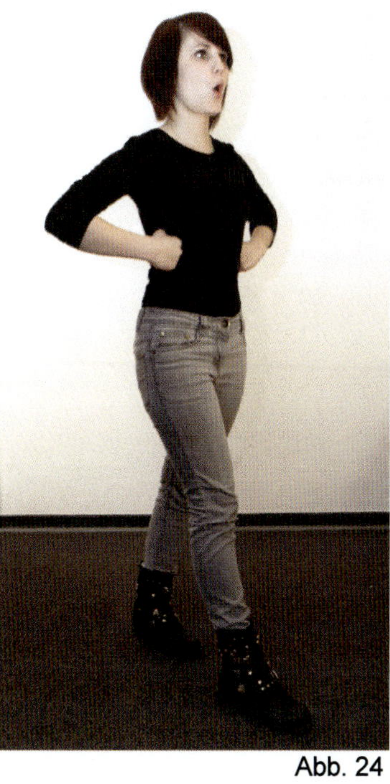

Abb. 24

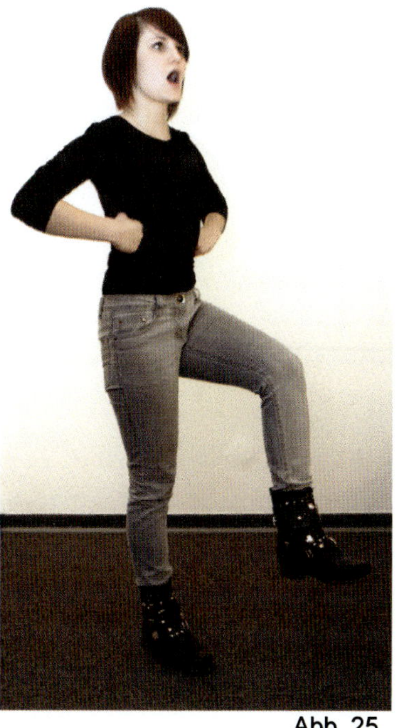

Abb. 25

36

la la la la la la la la la

Singe fröhlich.

Gehe bei jedem Viertel (Grundschlag), auch während der Aus- und Einatmung, einen Schritt.

Das Lächeln - die Spannung in den Bäckchen - ist das Tor zur Höhe.

37

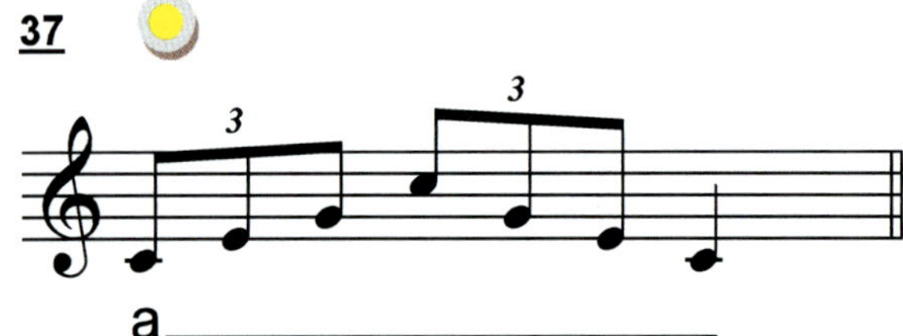

Nimm einatmend einen Arm halb hoch und stecke singend beim obersten Ton Mittel- und Zeigefinger senkrecht in den Mund (s. S.14 Abb.14).

Wiederhole die Übung auch so: Nimm einatmend einen Arm nach hinten, schwinge ihn singend nach vorne und lasse ihn gestreckt seitlich vor deinem Körper kreisen. Senke beim obersten Ton das Kinn.

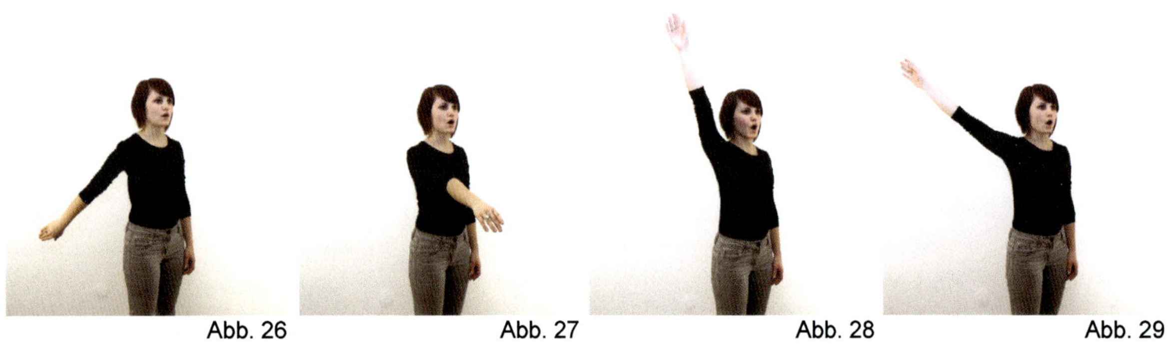

Abb. 26 Abb. 27 Abb. 28 Abb. 29

Literaturübung

"Die Birke" auf la

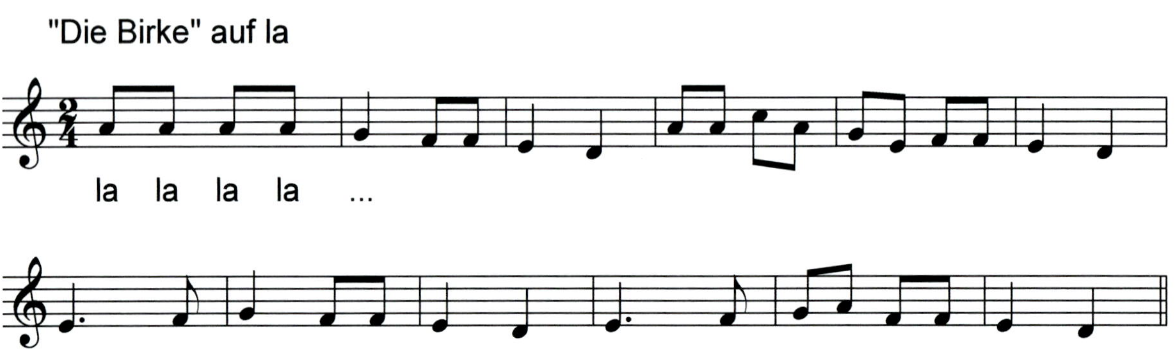

Nimm das Kinn beim höchsten Ton weit herunter. Singe das Lied auch von b´, h´ und c´´ aus, übe vor dem Spiegel. Durch die Einatmung vor Takt 4 wird das d´ in Takt 3 zu einer Achtelnote.

Steht für die Einatmung keine Pause zur Verfügung, nimmt man die Zeit hierfür von der vorhergehenden Note. Diese wird also verkürzt.

LEKTION 8

Dein Körper als Instrument
Der richtige Atem: Die gelöste Vollatmung

Als weitere wichtige Grundlage der Gesangstechnik bestimmt die richtige Atmung wesentlich die Qualität der Stimme.

Gehe ausatmend mit großer Armbewegung in die Rumpfbeuge und richte dich einatmend mit derselben Armbewegung wieder auf (s. S.10 Abb.7-9).

Nimm einatmend den rechten Arm hoch, lasse ihn ausatmend herunter und nimm gleichzeitig den anderen Arm hoch. Wiederhole dies fünfmal und atme dabei immer stark aus. Jetzt wechsle die Arme, nimm also einatmend den linken Arm hoch und wiederhole auch das fünfmal.

Übungen für die U-Form

38

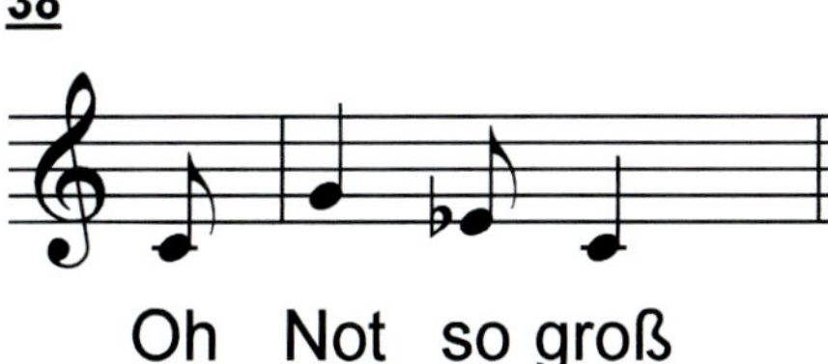

Singe sehr emotional, empfinde die Not.

Achte auf ein geschlossenes *o* . Merkst du, dass man beim Weinen die Bäckchen wie beim Lachen hochzieht und auch das Zwerchfell die gleichen Bewegungen macht? Bleibe in der U- Form und bilde starke Konsonanten.

39

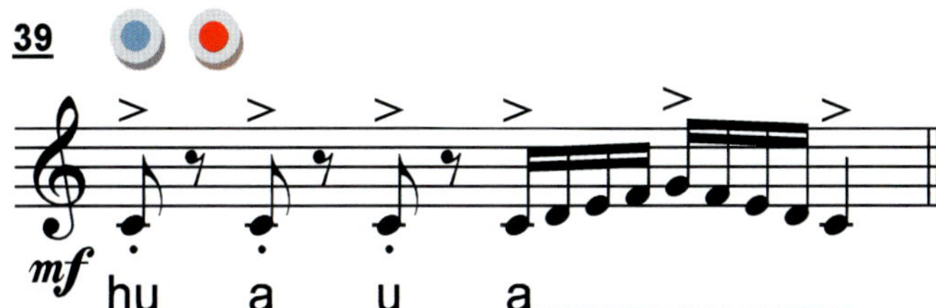

Übe vor dem Spiegel. Schlage bei jedem Akzent mit einer Faust wie auf eine Trommel. Gehe in der Mittellage nur von der U- zur A-Form. Je höher du singst, desto mehr lächle und nimm das Kinn herunter.

40

Vorübung: Spiele „King Kong": Rufe den Vokal *a* auf einer Tonhöhe und schlage dir dabei mit den Fäusten auf die Brust.

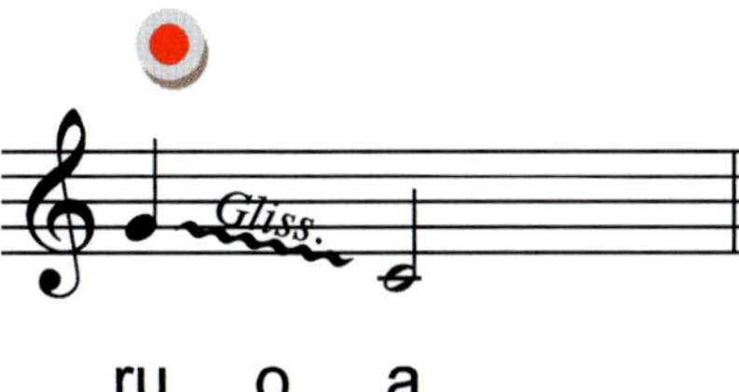

Übe von g´ halbtonweise in die Tiefe. Stelle dich mit dem Gesicht zu einer Wand. Lege die Handflächen an die Wand. Die Arme sind dabei gestreckt und die Hände mehr als schulterbreit auseinander. Beginne in dieser Stellung das *„ru"* zu singen und bringe langsam mit gestrecktem Körper dein Gesicht zur Wand. Dabei werden die Ellbogen angewinkelt. Gleite dabei vom *u* über das *o* zum *a* . Das *a* wird in der Schlussposition ausgehalten, das *o* findet ungefähr in der Mitte der Bewegung statt. Danach in die Ausgangsposition zurückkehren und ausatmend die Arme fallen lassen.

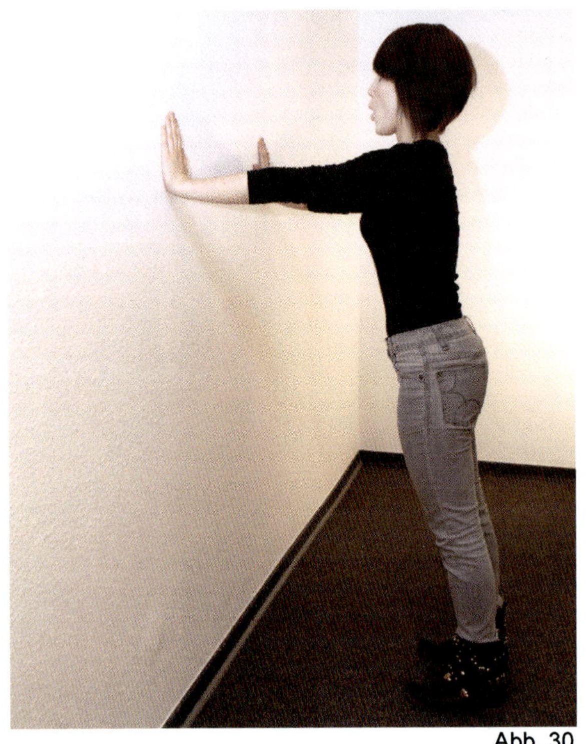

Abb. 30

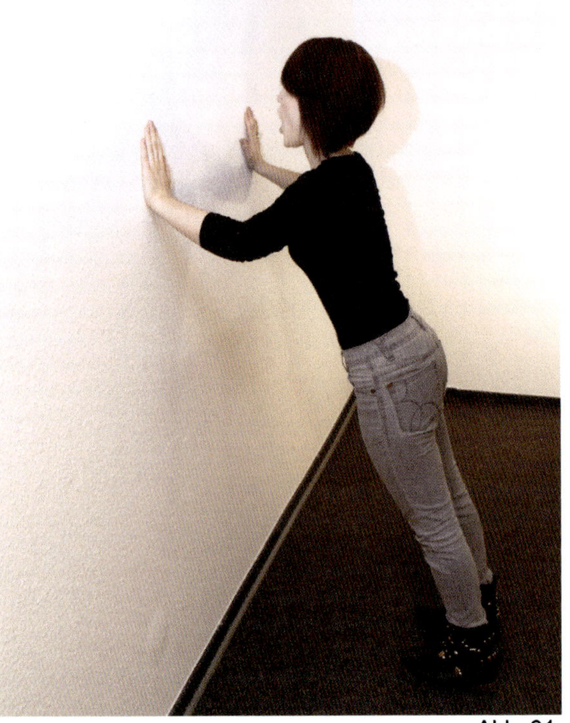

Abb. 31

Übungen für die A-Form

41

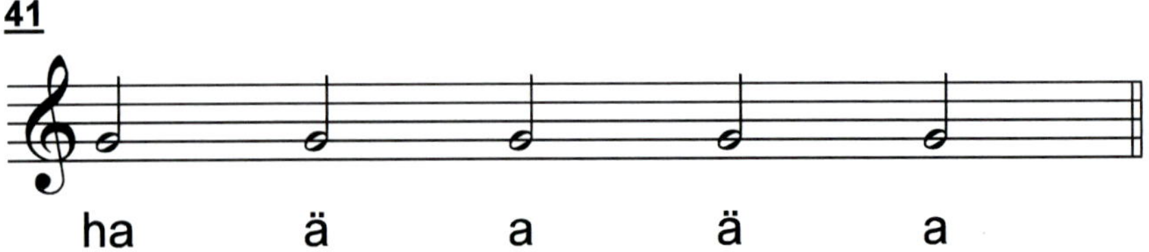

ha ä a ä a

Strecke beim *ä* deine Zunge ganz heraus und nimm sie beim *a* wieder herein.

42

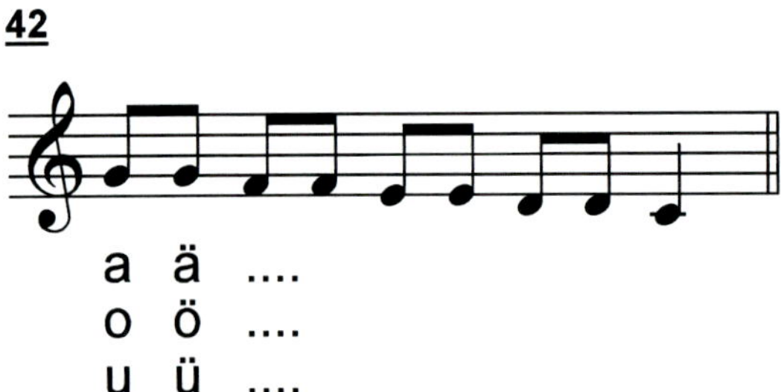

a ä ....
o ö ....
u ü ....

Fixiere deine Zungenspitze leicht an den unteren Schneidezähnen. Bringe für das *ä* den hinteren Zungenteil leicht nach vorne. Beim *ö* und *ü* macht die Zunge dasselbe, du bringst lediglich die Lippen in die U–Form.

43

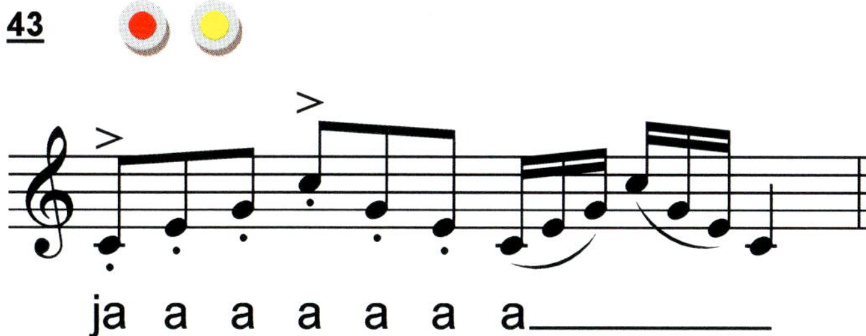

Für das *j* wird nur die Zunge bewegt. Lächle von Anfang an und nimm jeweils auf den oberen Tönen das Kinn herunter. Schnipse auf den Akzenten und kreise mit einem Arm auf den Sechzehntelnoten („Schnipsen“ s. S.19 Abb.18, „Kreisen“ s. S.28 Abb.26-29).

44

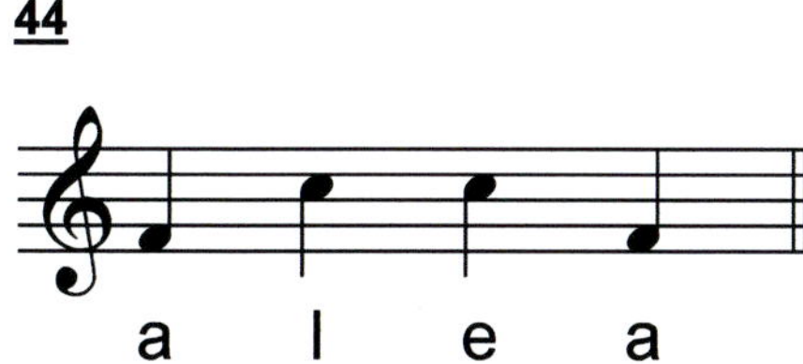

Beginne in der A–Form und bringe beim zweiten Ton die Zungenspitze hinter die oberen Schneidezähne. Du singst also ein *l* . Beim dritten Ton singst du den Vokal, der sich wie dieses *l* anhört (enthalten im englischen *the*). Er heißt ***Schwa*-Laut** (s. Kasten unten). Dazu musst du die Zunge wieder herunternehmen, ohne den Mundraum weiter zu verändern. Zum Schluss landest du wieder im *a* . Übe in die Höhe.

Wenn du das herausgefunden hast, wiederhole es und rühre dabei heftig mit den Fingern der rechten Hand auf dem linken Handteller.

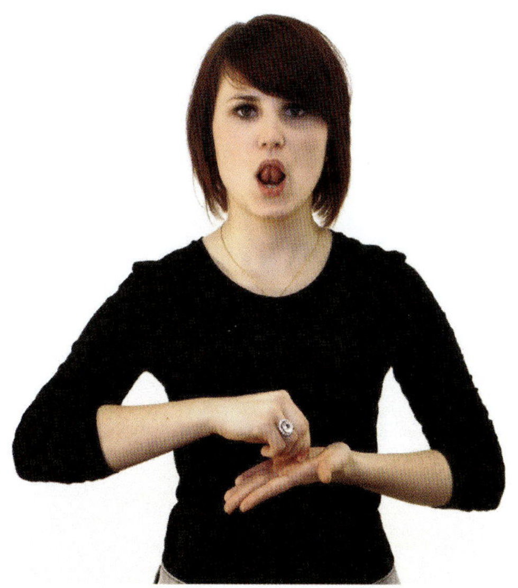

Abb. 32

Übe es ein drittes Mal und lächle dabei.

In der Höhe, meistens ab d´´, wird der Vokal *a* (phonetisch: **ɔ**) durch den *Schwa*-Laut (phonetisch: **ə**) ersetzt.

Wiederhole jetzt die Übungen 39 und 43, singe dabei in der Höhe den *Schwa*-Laut.

Literaturübung

Wiederhole das Lied aus Lektion 4 in verschiedenen Tonlagen und denke bei den hohen Tönen an alles, was du bereits über die Höhe weißt: Lächeln, Kinn herunternehmen und *Schwa*-Laut singen.

"Kommt und lasst uns tanzen, springen" auf a - o

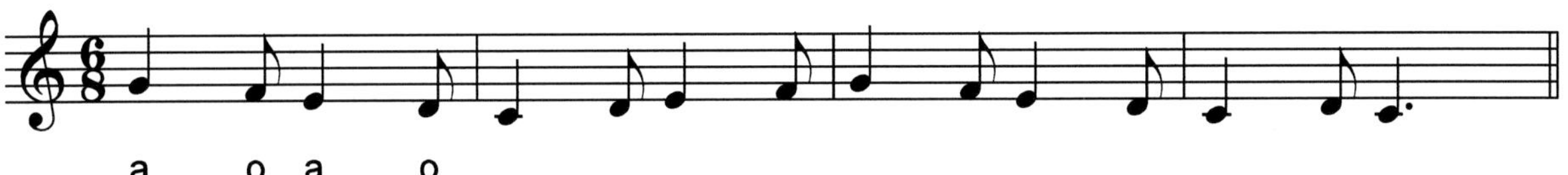

LEKTION 9

Dein Körper als Instrument
Der richtige Atem: Die aktive Einatmung

Die folgenden Übungen sollen alle mehrmals wiederholt werden:

Beuge ausatmend die Knie und komme einatmend wieder hoch. Schwinge dabei beide Arme zur rechten Seite. Gehe ausatmend erneut in die Knie, komme einatmend hoch und schwinge dabei die Arme zur linken Seite.

Kreuze ausatmend deine hängenden Arme vor dem Körper übereinander. Schwinge einatmend den rechten Arm nach rechts und den linken nach links. Bringe sie ausatmend in die Ausgangsstellung und gehe in dieser Position immer in die Knie.

Übungen für die U-Form

45

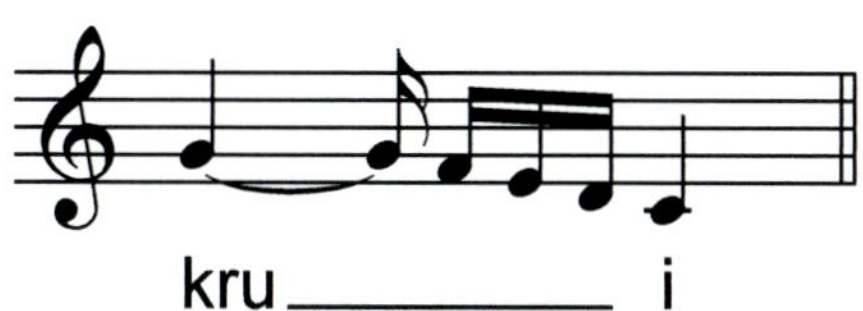

Wirf mit dem *kru* eine Hand schwungvoll nach vorne und lasse sie dort während des *u* . Greife jetzt mit Daumen und Zeigefinger ein imaginäres *i* und ziehe die Hand zurück. Nun wiederhole diese Übung noch einmal. Lächle beim Einatmen und singe dann in der U-Form, ohne das Lächeln zu verlieren.

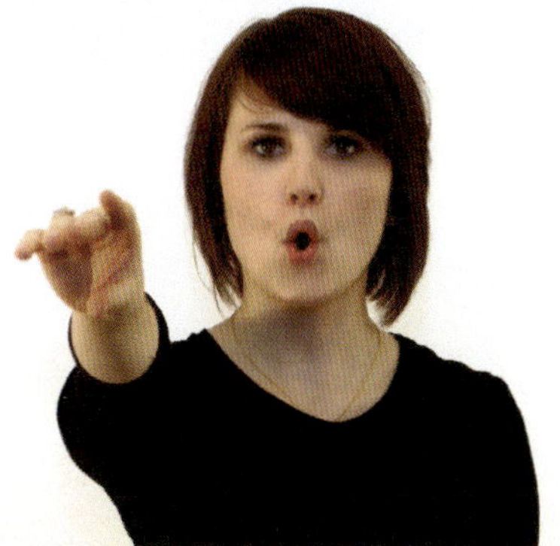
Abb. 33

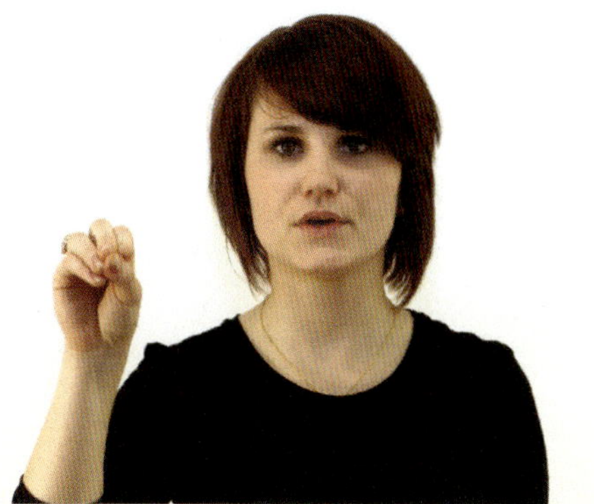
Abb. 34

Anschließend singe lächelnd die *„Juhu"* – Übung aus Lektion 1. Versuche immer höher zu singen, indem du in der Höhe das Kinn senkst. Die Mundöffnung vergrößert sich dabei vertikal, aber nicht horizontal. Wenn du gegen Ende der Übung zurück in die Mittellage kommst, muss sich deine Mundöffnung wieder verkleinern, ohne dass das Kinn ganz hochgenommen wird.

46

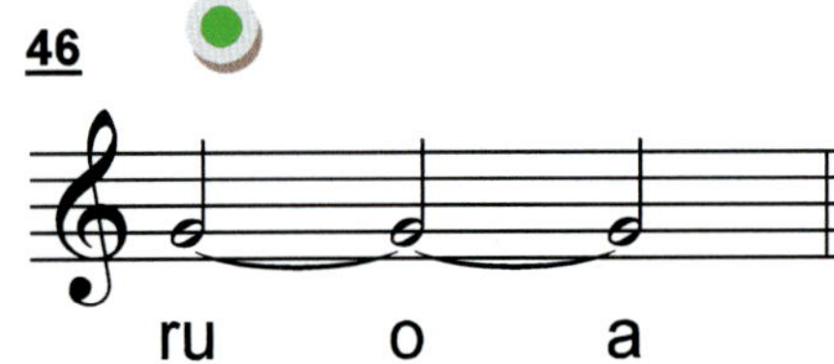

Singe mit aufgestellten Armen und kreise mit dem Becken. Spüre die Öffnung der Lippen zum *a* als gleitende Bewegung, Kinn und Zunge bleiben ruhig.

Übungen für die A-Form

47

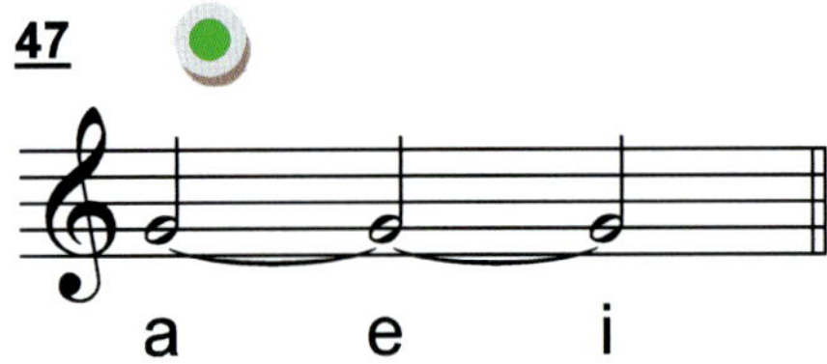

Singe ebenfalls mit aufgestellten Armen und Beckenkreisen. Spüre die Arbeit der Zunge bei ruhigen Lippen in der A–Form. Beim *e* ist die Zunge noch nicht so gehoben wie beim *i* . Sie bewegt sich gleitend und nicht ruckartig. Übe auch in die Tiefe.

48

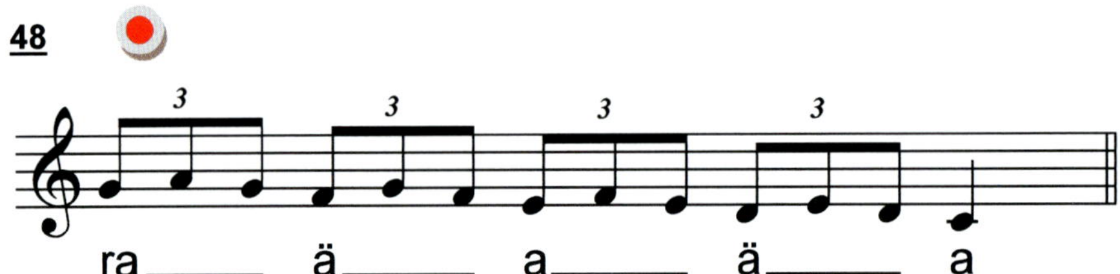

Singe mit aufgestellten Armen und bewege die Zunge locker beim Wechsel vom *a* zum *ä* . Da du das *a* als offenes *o* singst und den Mund in der A–Form hast, wird dein *ä* automatisch ein offenes *ö* . Außer in der Tiefe werden alle *ä* als offene *ö* gesungen. Diesen Vokal gibt es im Deutschen nur als kurzen Vokal (z.B. in „möchte“). Sprich das Wort langsam aus, halte im *ö* inne und lausche dem Klang nach.

Viele geschriebene *e* werden wie *ä* gesprochen, also mit offenem ö (phonetisch: **œ**) gesungen!

49

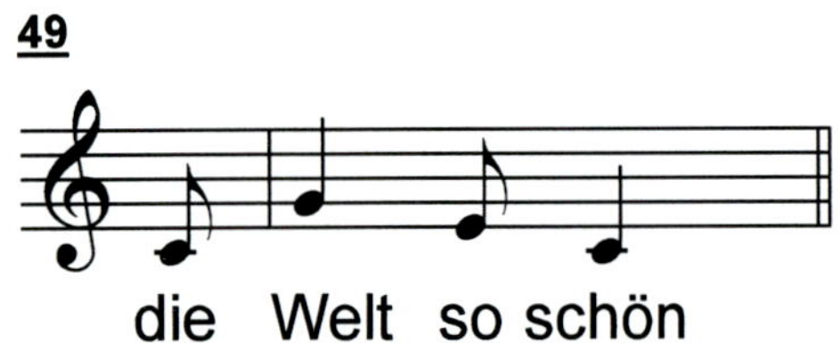

Singe fröhlich.

Singe bei „Welt“ ein offenes *ö* .

50

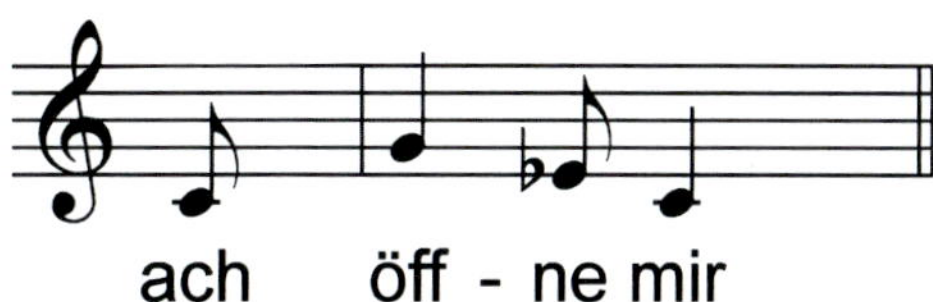

Singe dringlich mit Impuls.

Singe *ö* und *e* aus „öffne“ als offenes *ö* . In der Höhe wird das *ö* als geschlossener Vokal gesungen.

51

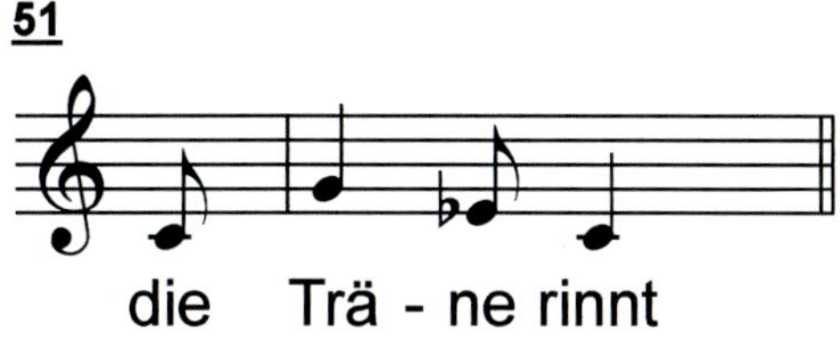

Singe verzweifelt mit Impuls.

Singe das *ä* und das *e* aus „Träne“ als offenes *ö* . In der Höhe wird das *ä* ein geschlossenes *ö* .

> Sprich das Wort „Singen“ bewusst aus. Merkst du, wie wenig Klangraum wir der Nachsilbe geben? Beim Sprechen ist dies möglich, beim Singen aber nicht.

Literaturübung

Sprich den Text von „Bruder Jakob“ langsam sängerisch aus: Alle *e* und *ä* werden zu offenen *ö* , alle *a* zu offenen *o* . Das offene *o* in „noch“ wird in dieser Tonlage bereits zum geschlossenen *o* . Singe das Lied in dieser Aussprache. Dabei erhalten die Nachsilben von „Bruder“ und „Glocken“ viel Klangraum.

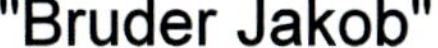

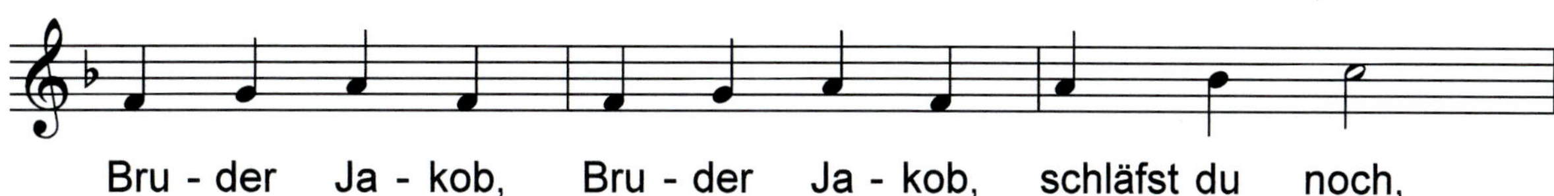

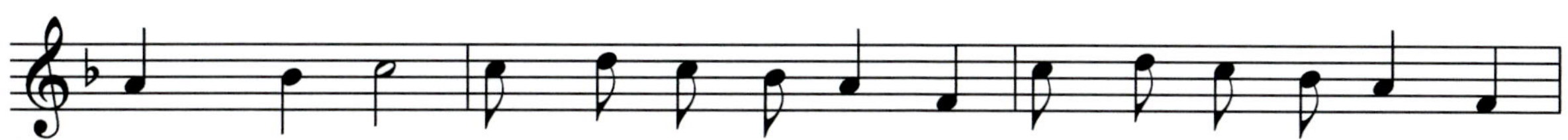

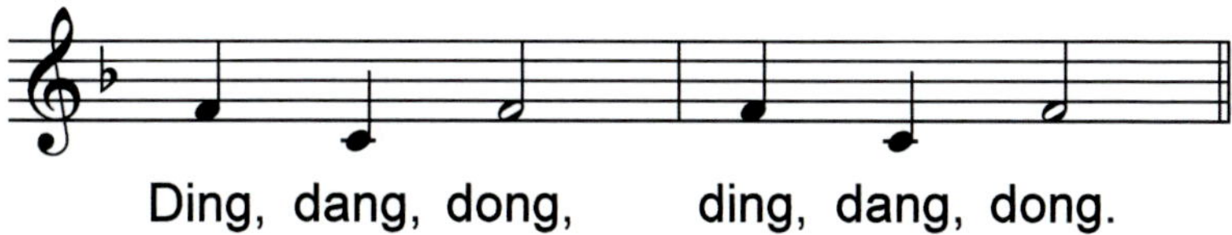

LEKTION 10

Dein Körper als Instrument
Der richtige Atem: Die bewusste Ausatmung

Stelle dich aufrecht hin, indem du die Körperübungen wie in Lektion 7 (s. S.26) kurz durchgehst. Atme dann auf *pssst* aus. Bringe das *t* erst, wenn du kaum noch Luft hast. Beim *p* entsteht ein Zwerchfellimpuls, beim *s* spannen sich deine Bauchmuskeln an. Je länger das *s* dauert, desto mehr erhöht sich die Spannung. Beim *t* entsteht wiederum ein Impuls.

Nach einer so starken Ausatmung erfolgt die Einatmung automatisch (reflektorisch) und damit richtig. Stelle dir dabei vor, dass du jemanden leise auf dich aufmerksam machen möchtest. Wiederhole diese Übung dreimal, dann drehe sie um: *tssssp* . Mache dasselbe mit *kschschscht* und *tschschschk* und stelle dir dabei vor, dass du leise eine Katze vom Frühstückstisch verjagst.

Nimm einatmend ein Bein hoch, umfasse dein Knie und atme in dieser Position stark auf *f* aus. Die Lippen sind in der U-Form. Wiederhole dies mit dem anderen Bein.

Hebe einatmend ein Bein leicht an, halte das Knie ruhig und kreise während einer langsamen Ausatmung auf *f* mit dem Unterschenkel. Wiederhole auch dies mit dem anderen Bein.

Übungen für die U-Form

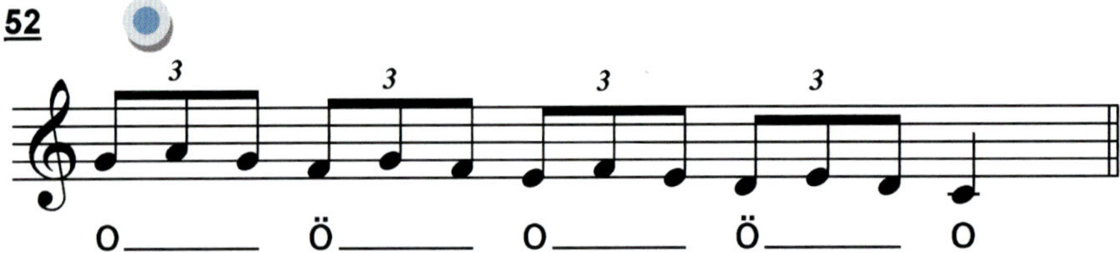

Singe mit aufgestellten Armen. Denke an das *o* von „Mond“. Bewege nur die Zunge vor zum *ö* und zurück zum *o* . Spüre, wie die Töne durch dich hindurch strömen.

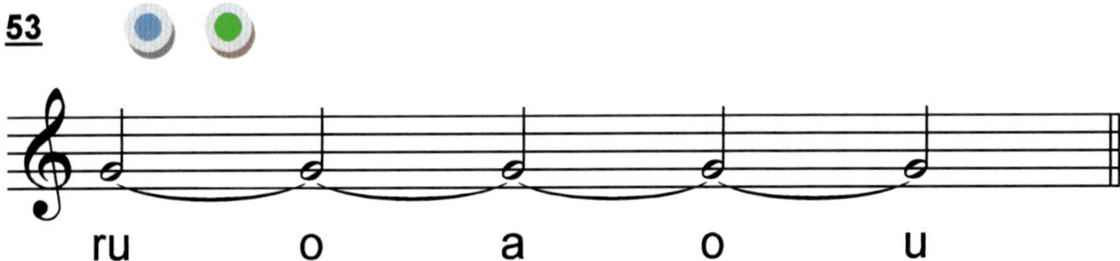

Kreise bei aufgestellten Armen mit dem Becken. Das *r* hilft dir, den Impuls zu spüren und die Bauchmuskeln zu spannen. Du musst das *r* unbedingt in der U – Form bilden. Gleite jetzt von einem Vokal zum nächsten, die Bewegung besteht dabei aus „Lippen öffnen – Lippen schließen“.

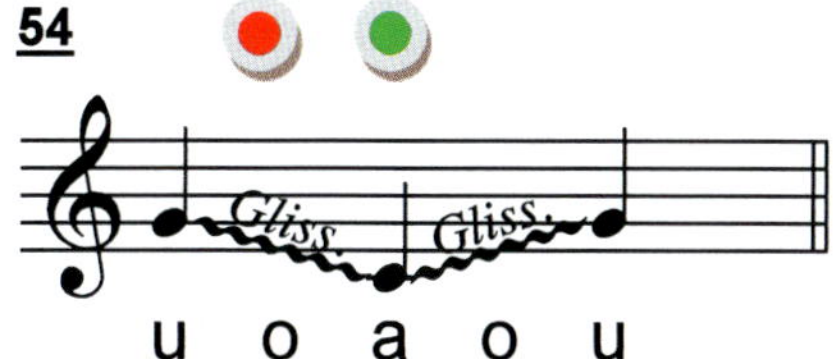

Übe in die Tiefe. Stelle dich mit den Handflächen an eine Wand. Die Arme sind dabei gestreckt (s. S.30 Abb.30 u. 31). Neige dich singend mit geradem Körper zur Wand, dort genieße das *a* , das in dieser Stellung kräftig erklingt. Dann drücke dich langsam zurück, bis du beim *u* wieder in der Ausgangsstellung angekommen bist. Es ist dieselbe Lippenarbeit wie in Übung 53. Merke dir mit deinem motorischen Gedächtnis das erste *u* . Das letzte *u* soll sich genauso anfühlen.

Übungen für die A-Form

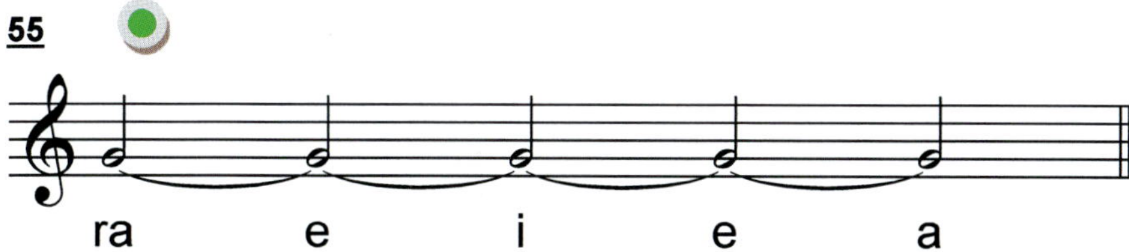

Bewege lediglich deine Zunge elastisch hoch und runter. Kreise dabei wie in Übung 53 bei aufgestellten Armen mit dem Becken.

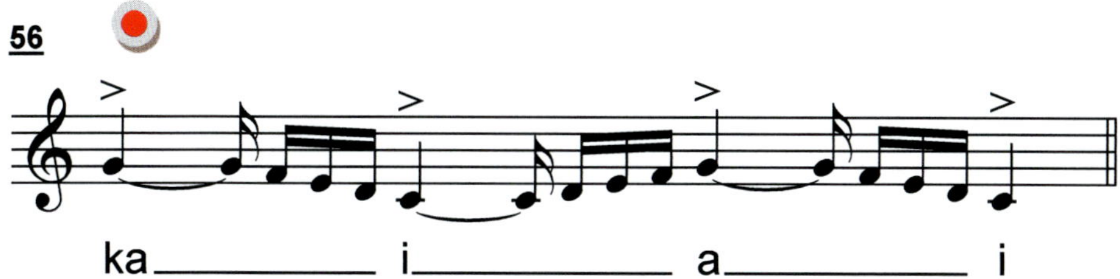

Singe energisch.

Das Kinn ist bereits beim Einatmen gelöst und bleibt beim *k* , das von der Zunge gebildet wird, unten. Wirf bei jedem *ka* eine offene Hand nach vorne und ziehe das *i* mit Daumen und Zeigefinger zurück (vgl. S.33 Abb.33 u. 34). Wiederhole diese Bewegung beim nun folgenden *a* und *i* . Lächle und singe in der A–Form und damit im offenen *o* . Je höher du kommst, desto weiter muss die Oberlippe hoch und das Kinn herunter. Das offene *o* wird zum *Schwa*-Laut.

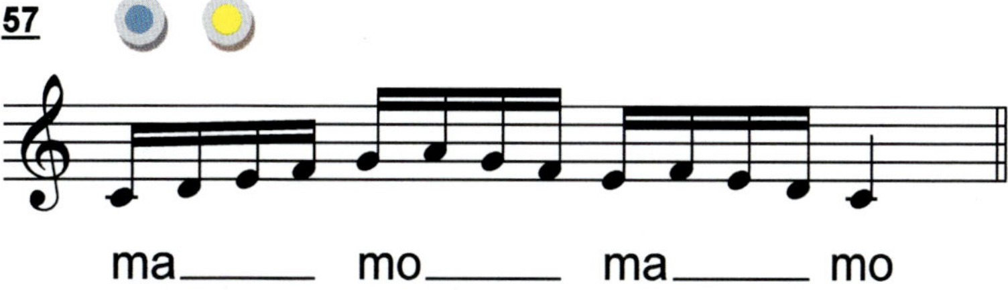

Nimm einatmend die Arme hoch über den Kopf. Falte sie singend und drehe bei *mo* deine Hände so, dass die Handflächen nach oben zeigen. Drehe deine Hände bei *ma* zurück und bei *mo* wieder nach oben. Lasse wie immer ausatmend die Arme fallen.

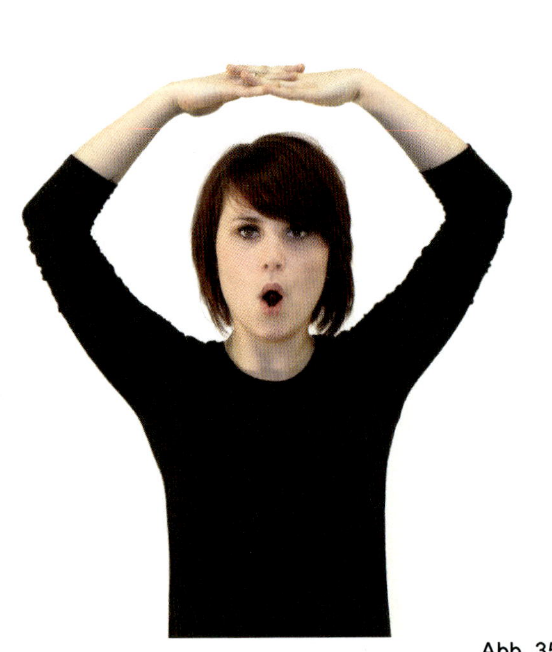

Abb. 35

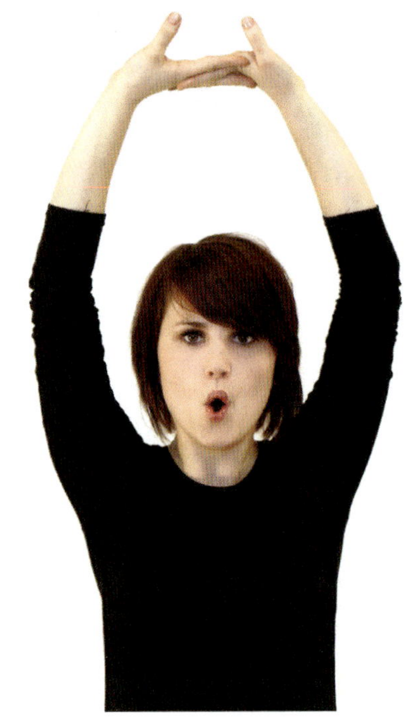

Abb. 36

Hier ist etwas Neues zu beachten: Ziehe in der Höhe deine Oberlippe hoch, auch wenn du *o* singst.

Literaturübung

"Oh wie wohl"

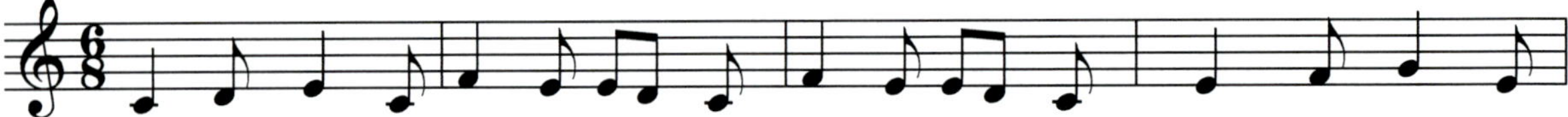

Oh wie wohl ist mir am A - bend, mir am A - bend, wenn zur Ruh die

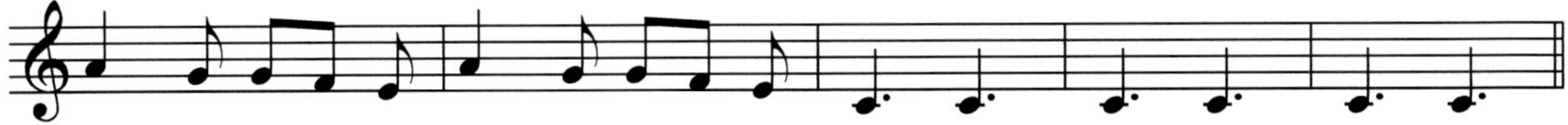

Glo-cken läu - ten, Glo-cken läu - ten, bim bam, bim bam, bim bam.

Achte beim Singen des Liedes auf die *e* , die als offene *ö* zu singen sind. Atme wohlig ein: Hebe Gaumen und Wangen, löse Kinn und Zunge und weite den ganzen Körper.

LEKTION 11

Dein Körper als Instrument
Der richtige Atem: Die aktive Ausatmung

Gehe in die Rumpfbeuge, entspanne dich und genieße die Dehnung. Jetzt gehe gebeugt in die Knie, spüre den Boden unter deinen Füßen und richte dich Wirbel für Wirbel auf. Drücke dabei deine Füße nach unten und außen, ohne sie wirklich zu bewegen. So entsteht eine Spannung in den Beinen.

Jetzt wiederhole die Atemübungen aus Lektion 10 (s. S.36) je einmal und spüre die Energie in deinen Beinen. Man kennt dieses Gefühl auch vom Sport, wenn es bei einem Wettlauf heißt: „Auf die Plätze, fertig, los!" Beim Singen brauchen wir die Muskelspannung, die wir bei „fertig" aufbauen.

Übungen für die U-Form

58

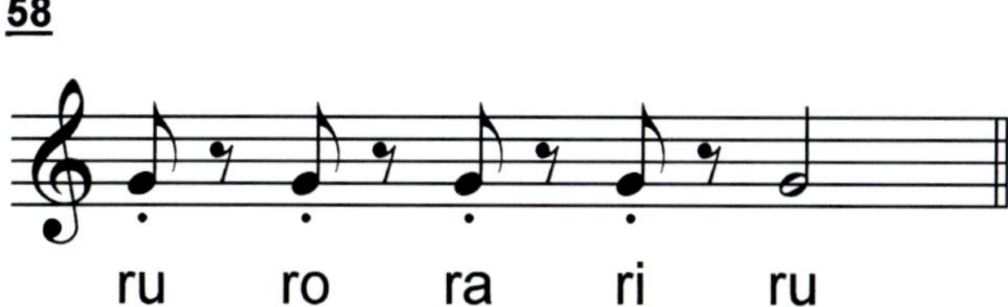

Nutze jedes *r* für einen starken Impuls und erhöhe beim letzten Ton langsam die Spannung der Bauchmuskeln.

59

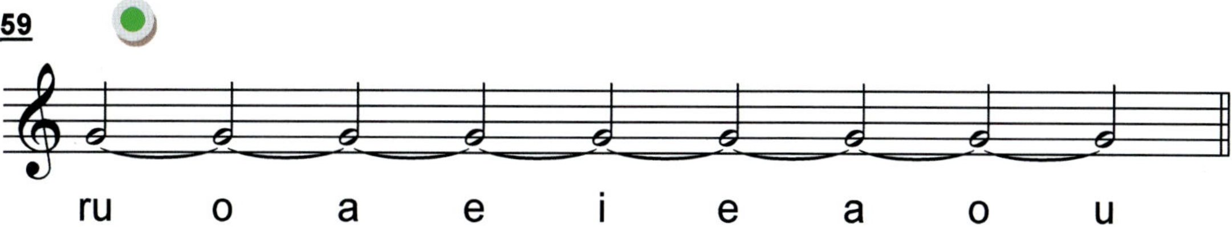

Kreise während der Übung mit dem Becken.

60

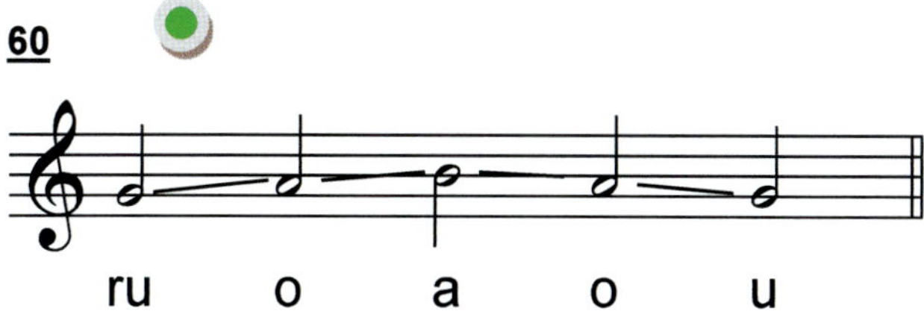

Die Lippen gleiten elastisch von einer Form zur nächsten. Rühre beim Singen heftig mit den Fingerspitzen der rechten Hand auf dem linken Handteller.

Das Angleichen aller Vokale an das *u* nennt man **Vokalausgleich**. Der Vokalausgleich ist ein wesentlicher Teil der Belcanto – Technik. Er garantiert einen hohen Anteil an Kopfstimme und ermöglicht neben dem Legato auch das „Messa di voce" (Kontinuierliches An- und Abschwellen eines Tones).

Übungen für die A-Form

61

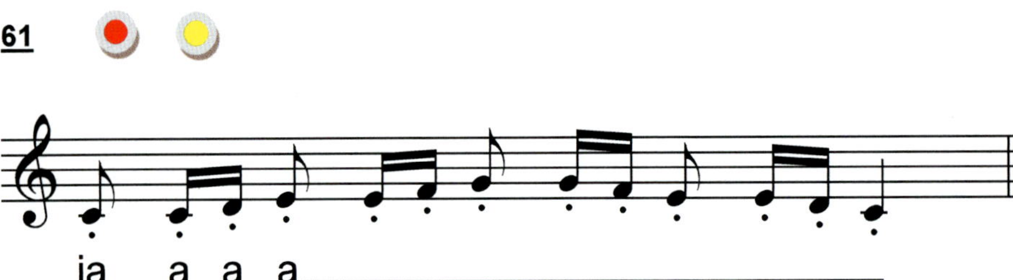

Singe energisch.

Schnipse bei jeder Achtel mit aufgestellten Armen. Singe lächelnd in der A-Form und ziehe in der Höhe die Oberlippe noch höher, sodass die Zähne zu sehen sind.

62

Vorübung: Sprich abwechselnd*: the* und den *Schwa*-Laut.

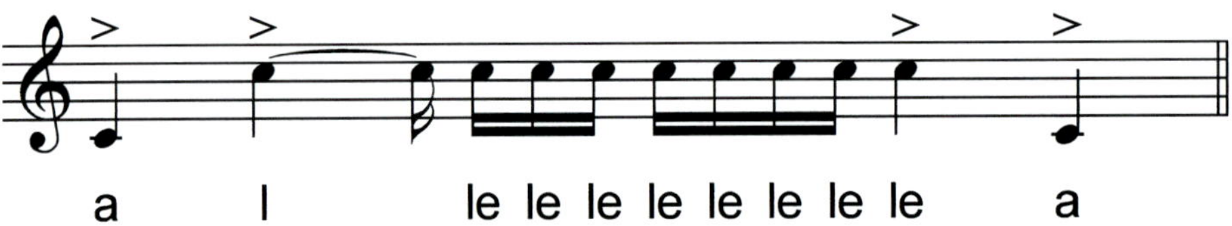

Setze bei jedem Akzent einen Impuls. Bleibe beim zweiten Ton im *l* mit der Zungenspitze hinter den oberen Schneidezähnen. Bewege bei den Sechzehntelnoten die Zungenspitze und singe den *Schwa*-Laut. Je höher du singst, desto mehr nimm das Kinn herunter.

63

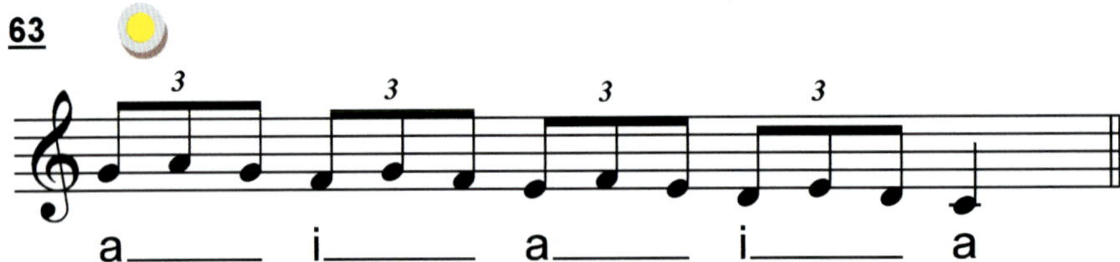

Singe liebevoll.

Singe lächelnd in der A-Form. Bewege ohne Anstrengung deine Arme wie beim Rückenschwimmen mit leicht angewinkelten Armen.

In der Höhe musst du die Bäckchen spannen, die Oberlippe hoch ziehen, das Kinn herunter nehmen und den *Schwa*-Laut singen. Dabei lasse die Zunge locker. Ausnahme: Bei sehr hohen Tönen gehen bei den Frauen die Mundwinkel in die Breite, Männer können vom *Schwa*-Laut in den französischen Nasal *ɛ̃* (wie in: *„fin")* wechseln.

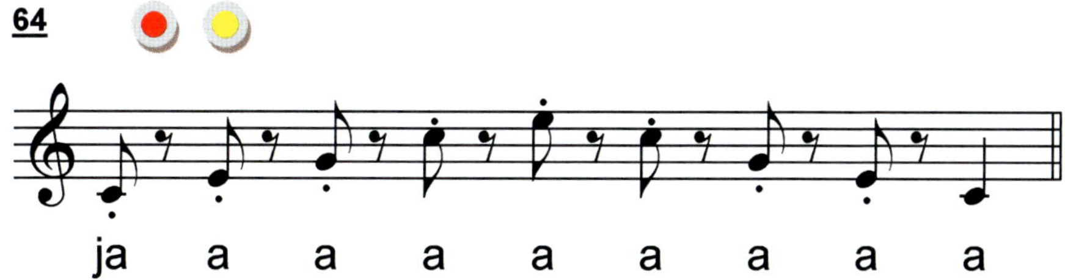

Singe vor dem Spiegel: Beim *j* bewegt sich nur die Zunge. In der Höhe geht das Kinn herunter.
Übe diese Übung auch mit Fingerschnipsen.

In der Mittellage und in der Höhe singt man unterschiedlich gefärbte Vokale. Also musst du beim Abwärtssingen den *Schwa*-Laut wieder verlassen.

Literaturübung

"Kommt und lasst uns tanzen, springen"

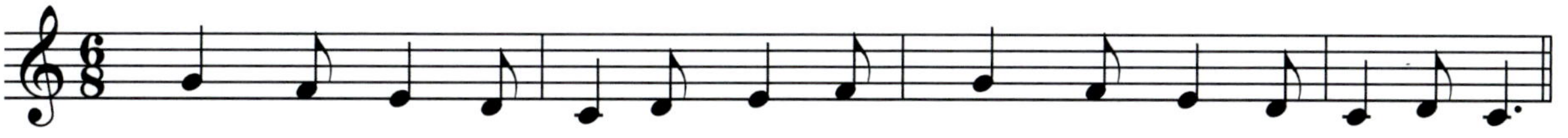

Singe das Lied aus Lektion 4 in unterschiedlichen Versionen:

1. Ersetze alle Vokale durch *u* und singe starke Konsonanten
2. Singe nur die Vokale und lasse die Konsonanten weg, singe fröhlich
3. Singe den Text mit möglichst langen Vokalen auf allen Viertelnoten, setze dabei viele Impulse
4. Singe das Lied im Gehen und schlenkere dabei mit den Armen

Wenn ein Wort mit einem Vokal beginnt, muss das Zwerchfell einen Impuls geben, damit dieses Wort vom vorhergehenden deutlich getrennt wird.

LEKTION 12

Dein Körper als Instrument
Der richtige Atem: Das bewegliche Zwerchfell

Atme gelöst ein. Jetzt ziehe deinen Bauch ein und drücke gleichzeitig die Luft in den Brustkorb. Verharre so einen Moment. Drücke anschließend die Luft nach unten in den Bauch und verharre wieder. Wiederhole dies mehrmals.

Mache diese Übung erneut, jedoch ohne vorherige Einatmung.

Dann übe zu hecheln. Beginne langsam und versuche, allmählich schneller zu werden. Dabei ist es wichtig, die Bauchmuskeln zu entspannen.

Zuletzt flüstere die Konsonanten *s-f-p-k-t* rhythmisch mit starken Impulsen. Danach verdopple (*ss-ff-pp-kk-tt*) und verdreifache jeden Konsonanten (*sss-fff-ppp-kkk-ttt*), bilde ihn also dreimal, jeweils mit neuem Impuls.

Übungen für die U-Form

65

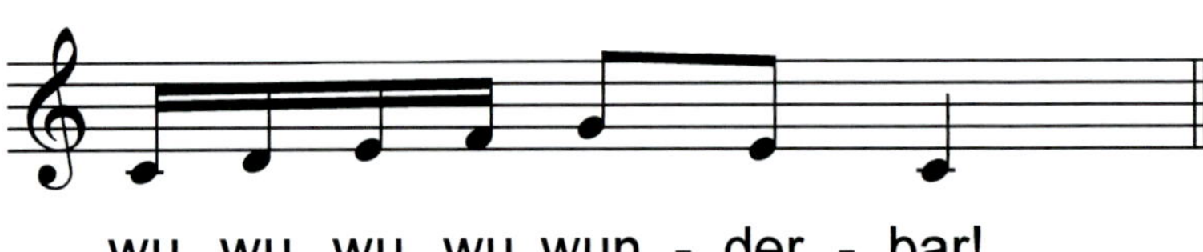

wu wu wu wu wun - der - bar!

Was ist für dich wunderbar? Stelle es dir deutlich vor!

Wenn eine Silbe geschlossen endet, werden die Konsonanten am Ende der Silbe an den Beginn der neuen Silbe gestellt: wu - nde - rbar. Da die letzte Silbe eine Viertelnote hat, kommt das *r* erst sehr spät. Der Mundraum wird, während du das *a* singst, nicht verändert, Kinn und Zunge bleiben also ruhig. Andernfalls wäre die Kontinuität des Klanges gestört. Denke an die Nachsilbe in „wunderbar": Bilde das *e* als offenes *ö* und übe vor dem Spiegel (Mundwinkel nicht in die Breite ziehen!).

66

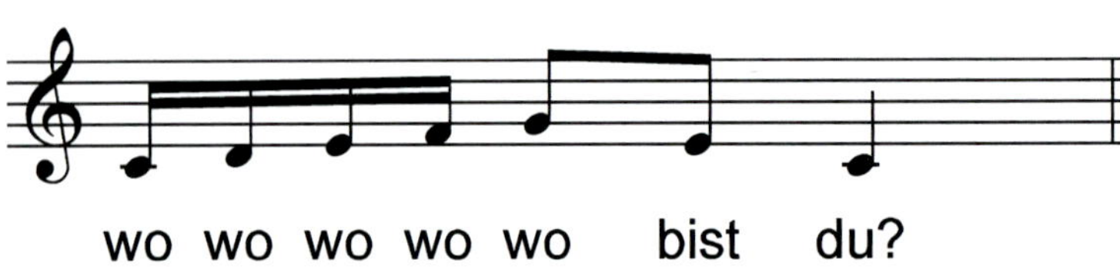

wo wo wo wo wo bist du?

Denke dir eine Situation aus, in der du den Satz aus dieser Übung froh und erstaunt ausrufst und stelle dir dies beim Singen vor. Nimm nach jedem *w* das Kinn herunter.

67

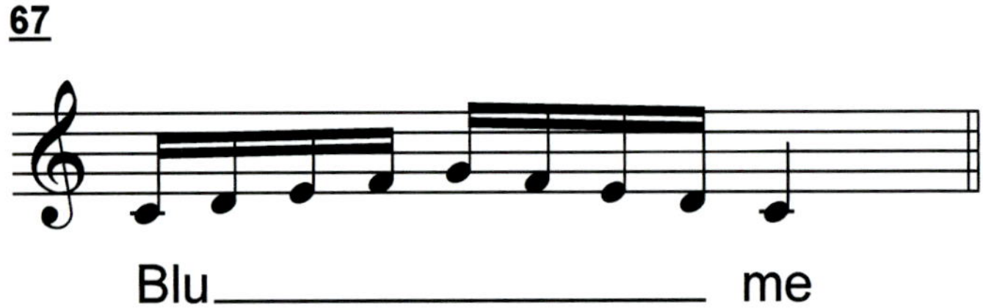

Blu______________ me

Singe mit innerer Freude.

Atme bei dieser Übung durch die Nase ein und stell dir den Duft einer Blume vor. Spüre, dass sich dadurch dein Mundraum weitet. Denke an die Nachsilbe, singe auch hier das *e* als offenes *ö* .

68

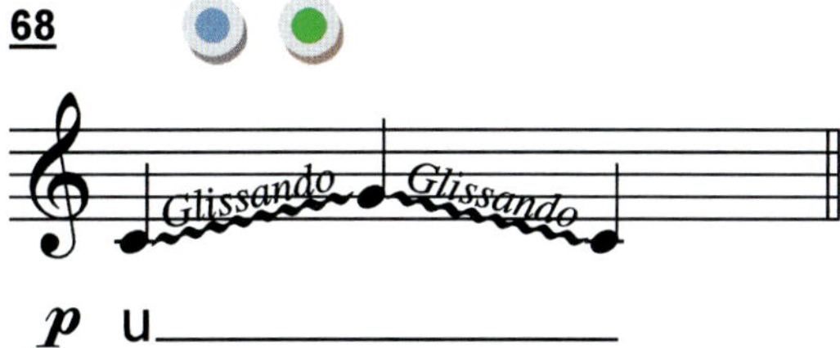

Singe mit innerer Freude.

Singe im Glissando und achte auf eine lockere Zunge. Halte die linke Hand mit dem Handteller nach oben vor dein Zwerchfell. Greife mit Daumen und Zeigefinger der rechten Hand einen imaginären Faden auf der linken Hand und ziehe den Faden mit dem Verlauf der Tonfolge senkrecht hoch und herunter. Am Schluss der Übung ist der Faden also wieder unten. Jetzt ausatmend Arme senken und sie dann einatmend erneut in die Ausgangsposition bringen.

> Da man in der Höhe anders singt als in der Mittellage, musst du während der Übung 68 deine Mundform verändern: Öffne die Lippen in der Höhe weiter, dadurch wird dem *u* der *Schwa*-Laut beigemischt. In der Mittellage wird wieder ein reines *u* gesungen, indem die Lippenöffnung wieder verkleinert wird.

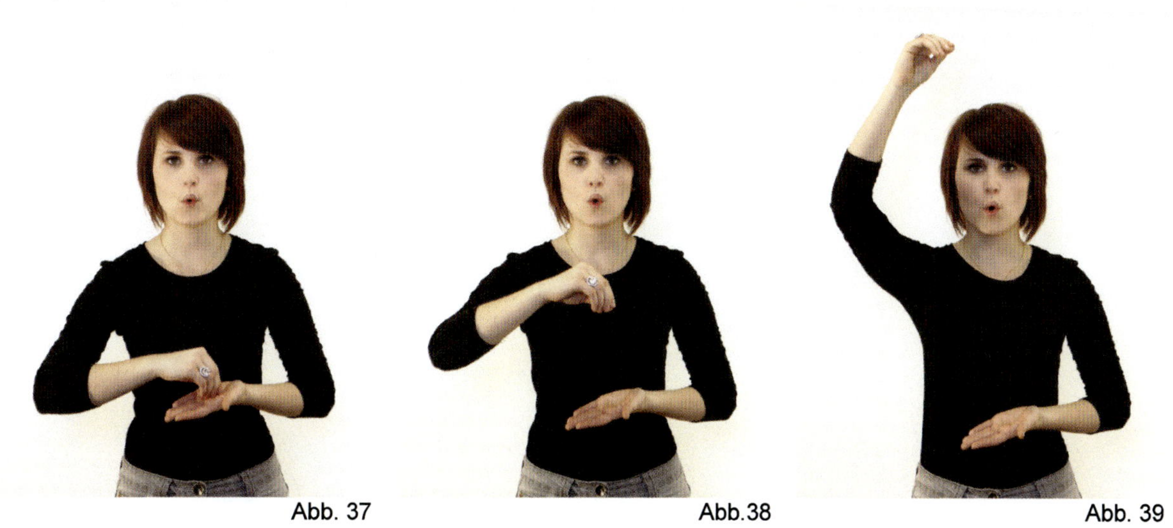

Abb. 37 Abb.38 Abb. 39

Übungen für die A-Form

69

Vorübung: Übe zu lachen und zu kichern. Gehe dabei mit der Stimme auf- und abwärts und spüre die Bewegungen in deinem Kehlkopf.

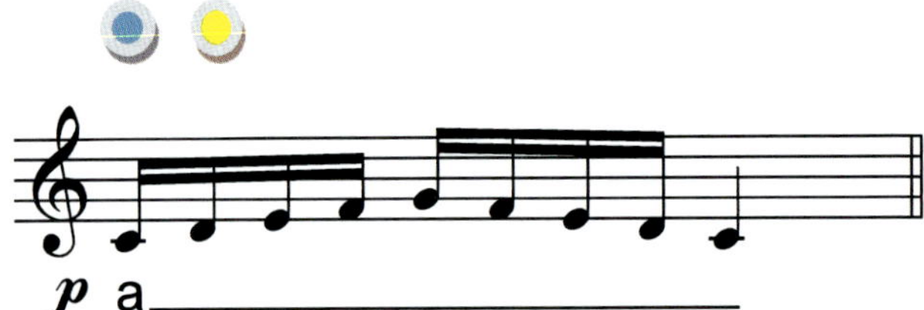

Stelle die Arme auf und bewege beim Singen deine Finger. Singe lächelnd in der A-Form: In der Mittellage ein offenes *o* und in der Höhe den *Schwa*-Laut.

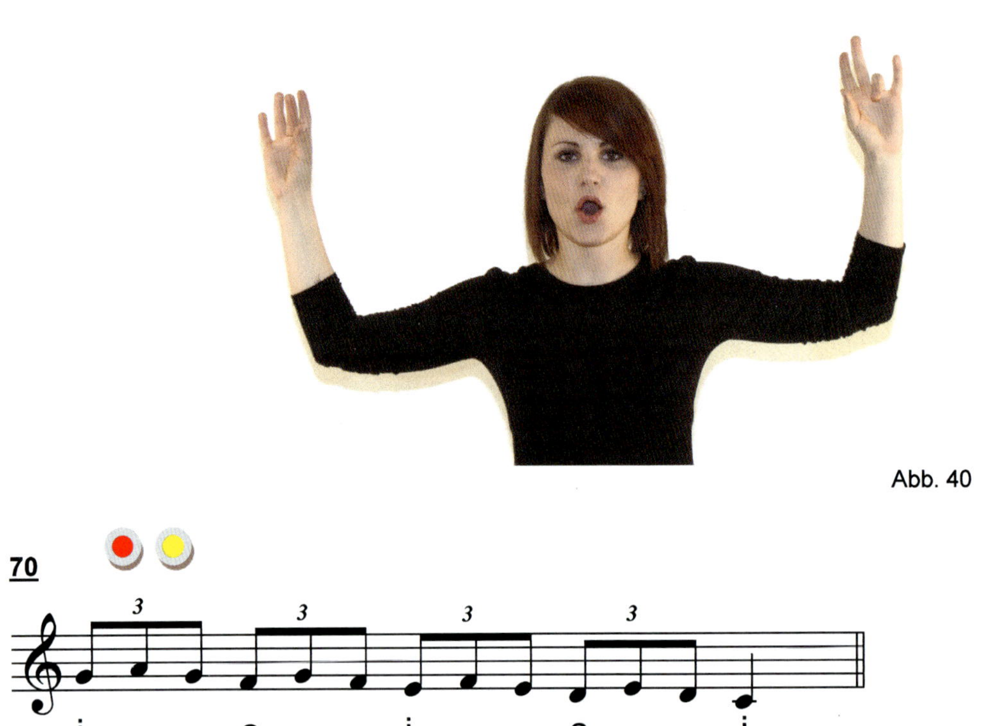

Abb. 40

70

i a i a i

Singe energisch.

Greife jeden Vokal in Kopfhöhe mit den Händen, als ob du die „Töne pflückst“. Denke in der Höhe an Lächeln und Zähne zeigen.

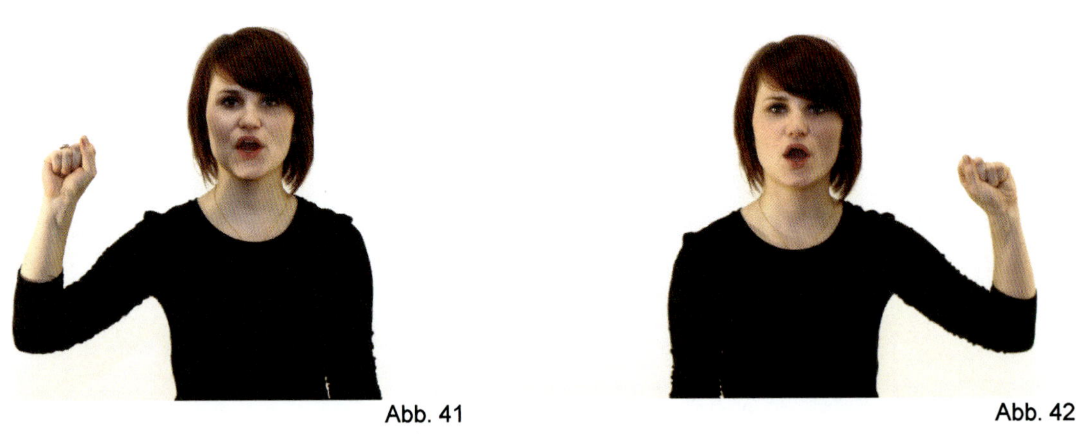

Abb. 41 Abb. 42

Das ist wieder eine der schwierigen Gegenbewegungen: In der Höhe muss das Kinn nach unten, gleichzeitig muss beim *i* die Zunge nach oben.

Literaturübung

"Limu limu leimen"

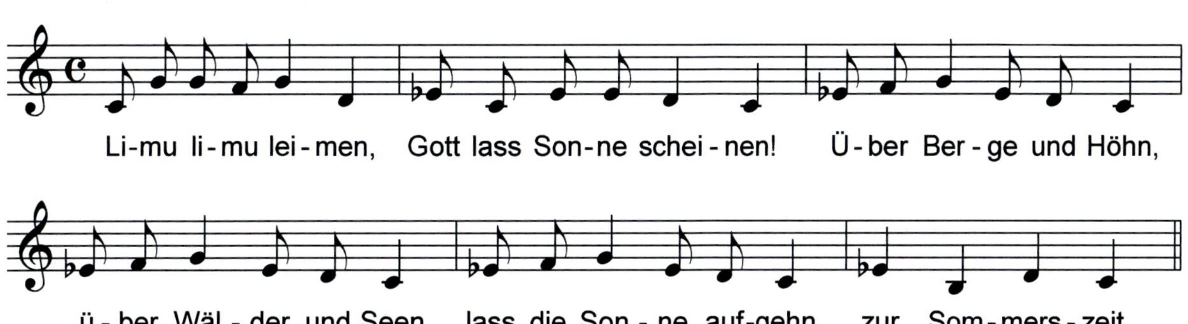

Die Umlaute werden folgendermaßen gesungen: Man bleibt möglichst lange beim ersten Vokal. Also: laaaaaemen, schaaaaaaenen. Denke daran, lange Vokale auf langen Noten zu singen. Setze einen Impuls, wenn ein Wort mit einem Vokal beginnt.

Beginne auf verschiedenen Tonhöhen und finde heraus, wo du dich am wohlsten fühlst.

Diphthonge: *ei* wird zu *ae*
au wird zu *ao*
eu wird zu offenem *o* und geschlossenem *ö*
äu wird zu offenem *o* und geschlossenem *ö*

LEKTION 13

Dein Körper als Instrument
Der richtige Atem: Die geführte Ausatmung

Atme für die Länge einer Viertelnote (1 Schlag) ein. Halte den Atem vier Schläge lang an und atme danach auf zwei Vierteln aus. Wiederhole dies mehrmals. Dann atme auf der Länge von zwei Viertelnoten ein, halte den Atem acht Schläge lang an und atme auf vier Vierteln aus. Wiederhole auch das mehrmals.

Jetzt lege die Handflächen vor deiner Brust zusammen, dabei zeigen die Fingerspitzen nach vorne. Breite einatmend die Arme schnell aus und bringe auf *f* ausatmend die Handfläche wieder langsam zusammen. Diese Übung wird ebenfalls mehrmals wiederholt.

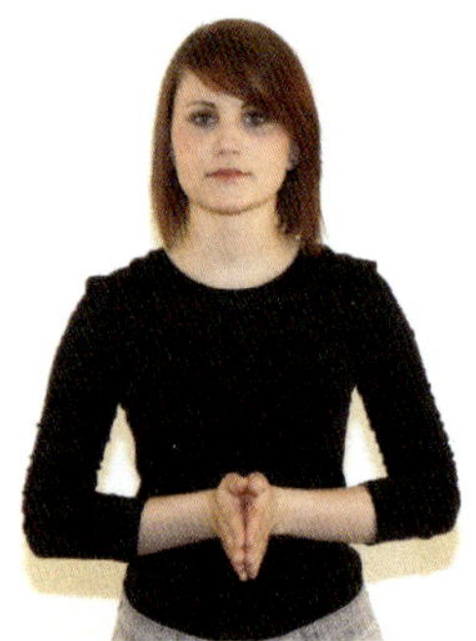

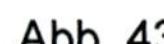

Abb. 43

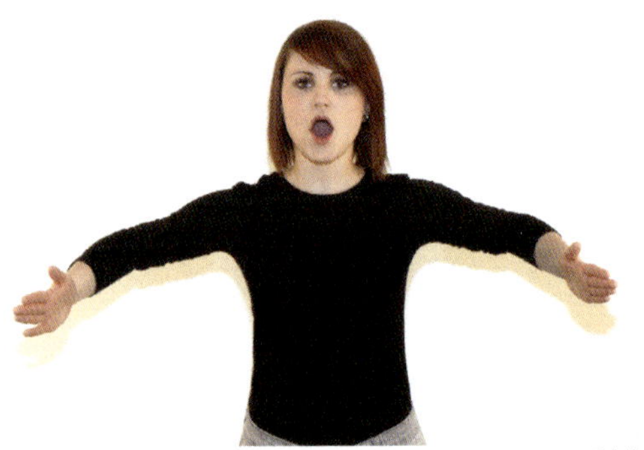

Abb. 44

Atme ein und drücke dann die Handflächen ohne auszuatmen vor der Brust zusammen. Versuche, dies so lange wie möglich durchzuhalten.

Sprich ein *b* und beginne dann direkt ausatmend die Lippen flattern zu lassen. Dabei musst du ein wenig in die Schnute gehen. Spüre die Spannung der Zwischenrippenmuskulatur und deiner Bauchdecke.

Übungen für die U-Form

71

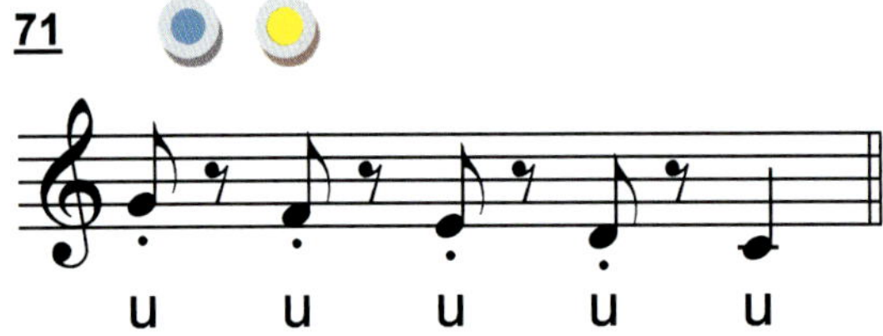

Lege die Außenseiten deiner Finger seitlich an die untersten Rippen (s. S.27 Abb.24). Gehe mit jedem *u* und der folgenden Aus- und Einatmung je einen energischen Schritt. Denke daran, trotz U-Form zu lächeln, in der Höhe die Oberlippe hoch zu nehmen und das Kinn zu senken. In der Mittellage werden die Lippen mehr geschlossen.

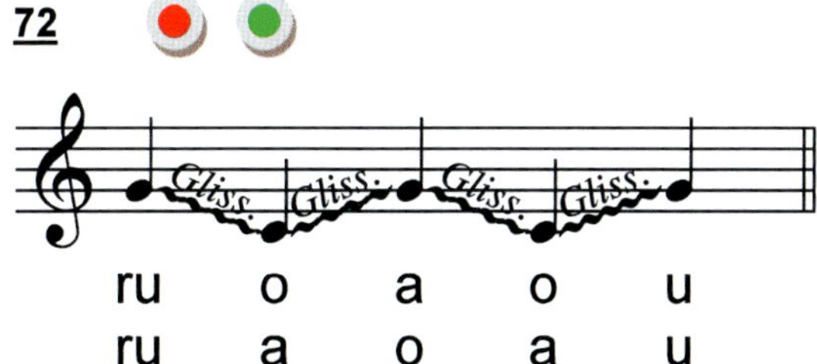

Singe mit aufgestellten Armen. Gleite im Glissando von einem Ton zum nächsten.

Übe die untere Vokalfolge auch in die Tiefe.

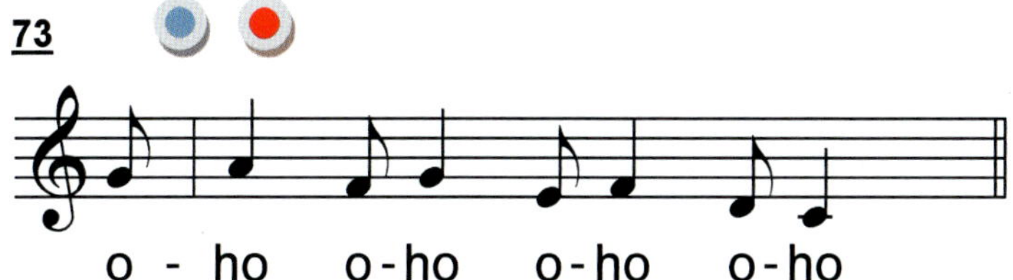

Singe fröhlich überrascht.

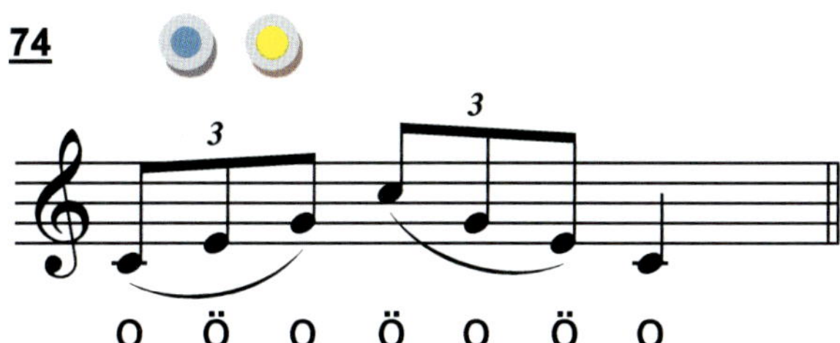

Bewege nur die Zunge. Kreise dabei singend mit einem Arm aus dem Schultergelenk heraus (s. S.28 Abb.26-29). In der Höhe lächeln, dein Kinn herunternehmen und die Oberlippe dabei hochziehen. Übe in Halbtonschritten in die Höhe.

Übungen für die A-Form

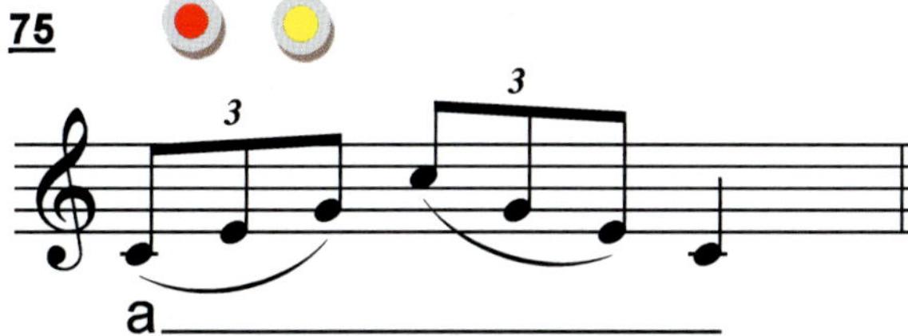

Hebe einatmend ein Bein und springe beim ersten, vierten und letzten Ton von einem Bein auf das andere. Übe in die Höhe. Denke daran, den obersten Ton als *Schwa*-Laut zu singen.

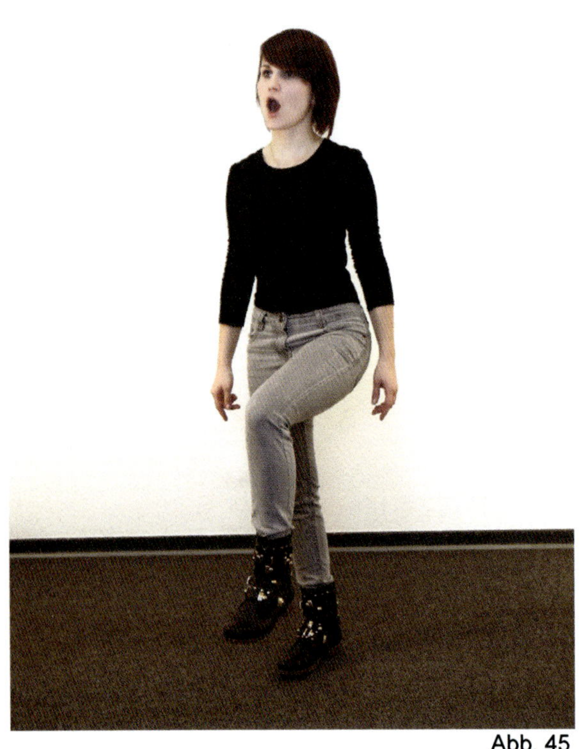

Abb. 45

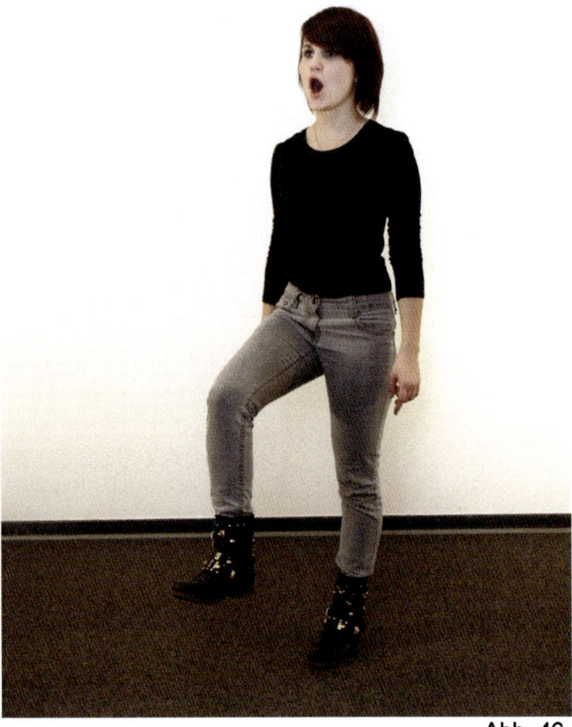

Abb. 46

76

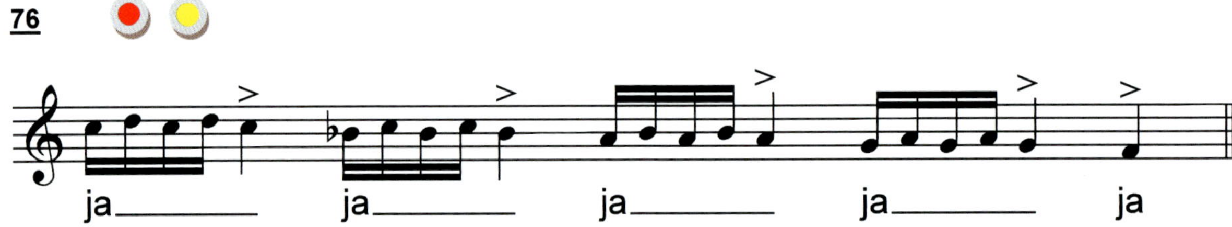

Singe das *„ja“* mit Überzeugung.

Wirf bei jedem Akzent einen Arm zur Seite.

77

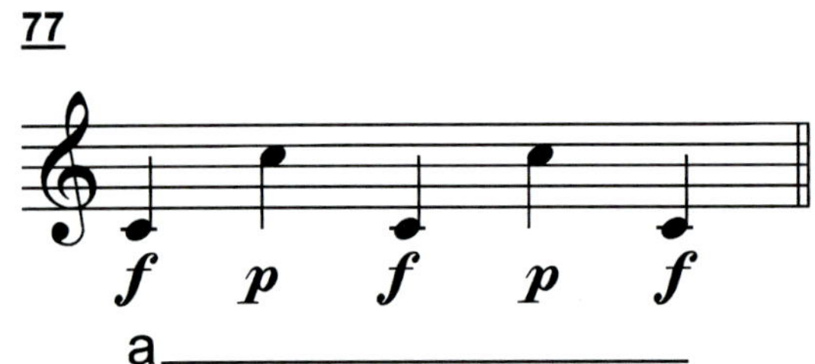

Halte auch im Piano die Körperspannung. Drücke die Fingerspitzen beider Hände übereinander auf den Bauch (S.18 Abb.16). Das obere *a* wird in der Höhe zum *Schwa*-Laut. Ausatmend die Arme fallen lassen.

Literaturübung

Hier ein russisches Volkslied über eine Birke, deren Äste wie ein Lockenkopf aussehen.

"Die Birke"

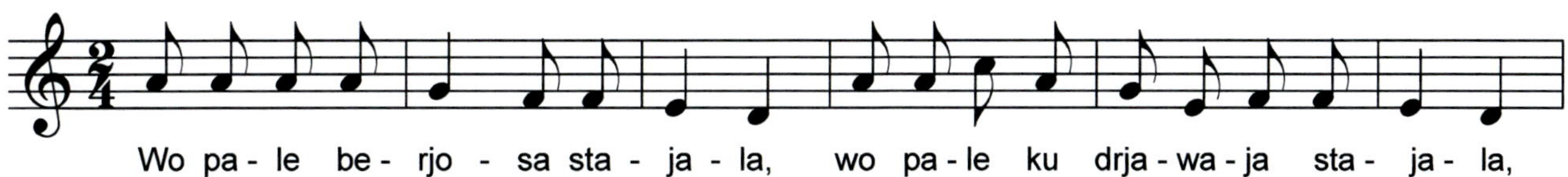

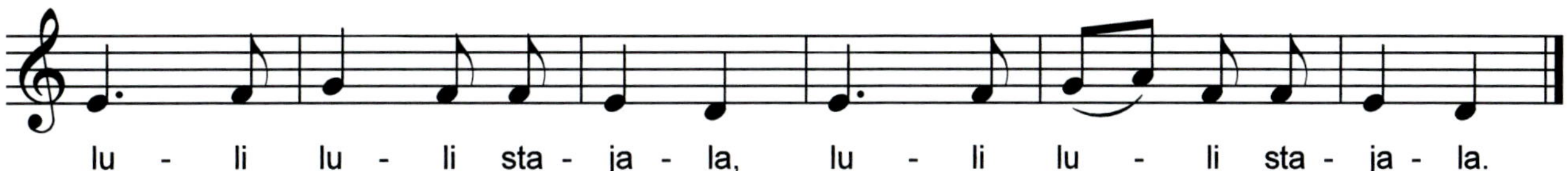

Singe das Lied auch von b´, h´ und c´´.

Die beiden offenen Vokale *o* und *ö* , wie in *Morgen* und *öffnen* werden in der Höhe zu geschlossenen Vokalen wie in *Ton* und *Tönen*. Auch das *e* wird in der Höhe zu *ö* .

LEKTION 14

Dein Körper als Instrument
Der richtige Atem: Die vertiefte Einatmung

Strecke einatmend einen Arm zur Seite und greife nach einem imaginären Gegenstand. Fasse zweimal nach und strecke dich dabei seitlich immer weiter. Mache dasselbe mit dem anderen Arm. Strecke dann einen Arm nach oben, greife wieder dreimal mit der Hand und mache dich dabei immer länger. Genauso wieder mit dem anderen Arm.

Hebe anschließend beide Arme über den Kopf und greife mit der linken Hand um das rechte Handgelenk. Ziehe nun den rechten Arm nach links und beuge auch deinen Oberkörper nach links. Verharre so und atme ruhig weiter. Jetzt dasselbe zur anderen Seite.

Zum Schluss schwinge einen Arm gestreckt nach vorne und gleichzeitig den anderen nach hinten. Strecke dich dabei so weit wie möglich. Schwinge mehrmals aus den Knien heraus vor und zurück. Deine Knie sind gebeugt, wenn die Arme hängen. Bei der Streckung der Arme sind auch die Knie gestreckt. Atme beim ersten Schwung ein, beim zweiten aus.

Übungen für die U-Form

78

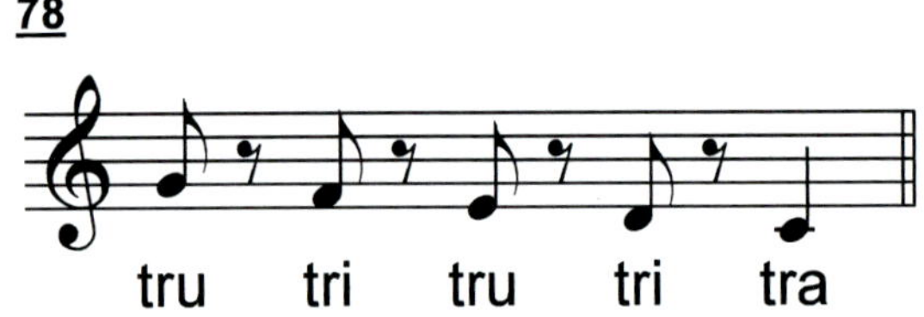

Singe fröhlich.

Verändere den Mund so wenig wie möglich, nimm aber beim Vokal immer ein wenig das Kinn herunter.

79

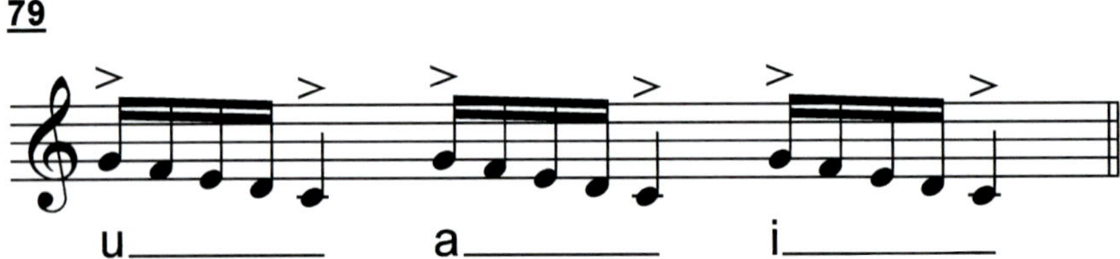

Drücke während der Übung ununterbrochen auf deine Bauchmuskeln (S.18 Abb.16). Setze trotz dieser Grundspannung noch einen Impuls bei den Akzenten.

80

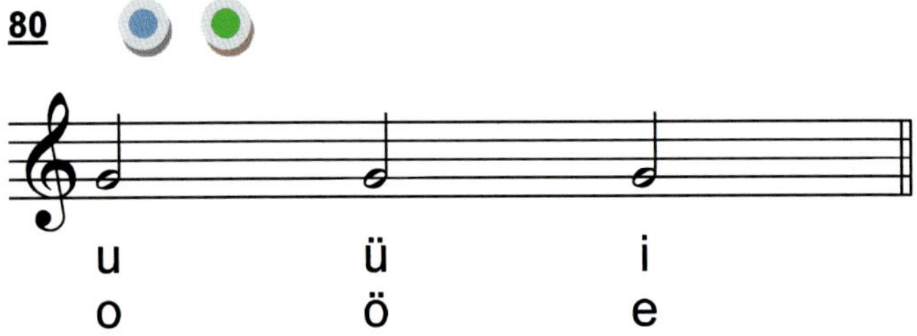

Spüre in deinen Mundraum hinein: Beim *u* ist der Gaumen gehoben, die Zunge weiter unten. Beim *ü* bleibt der Gaumen gehoben und die Zunge hebt sich. Erhalte beim *i* den gehobenen Gaumen und öffne nur die Lippen. Spürst du den Raum zwischen Zunge und Gaumen? So erhält das *i* Volumen.

Erarbeite das *e* analog.

Nun halte dir zwei Pappdeckel vor die Ohren und höre dir beim Singen der Übung zu. Singe so auch laut die *Juhu* – Übung aus Lektion 1.

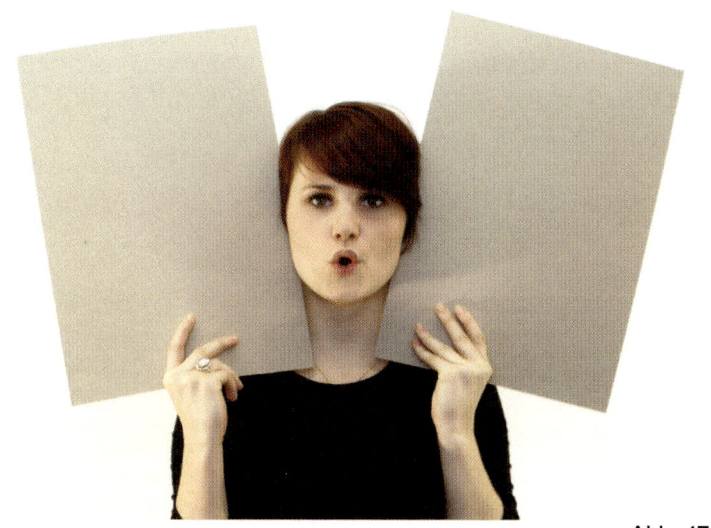

Abb. 47

81

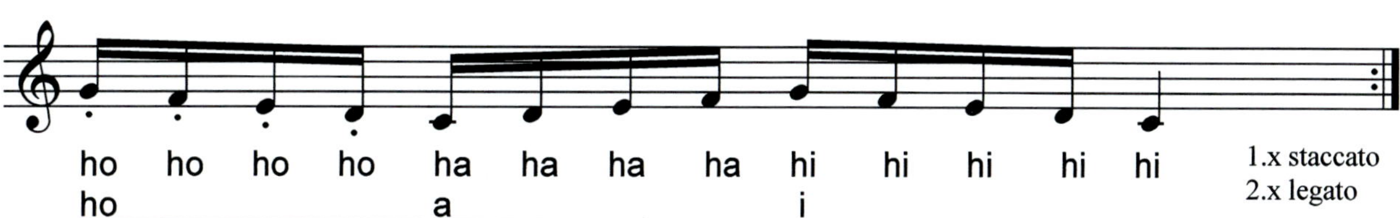

Singe diese Übung zweimal. Beim ersten Mal im Staccato, danach im Legato. Atme vor der Wiederholung ein. Versuche es auch ohne Zwischenatmung. Beim *h* bleibst du automatisch im Rachen ganz offen.

Übungen für die A-Form

82

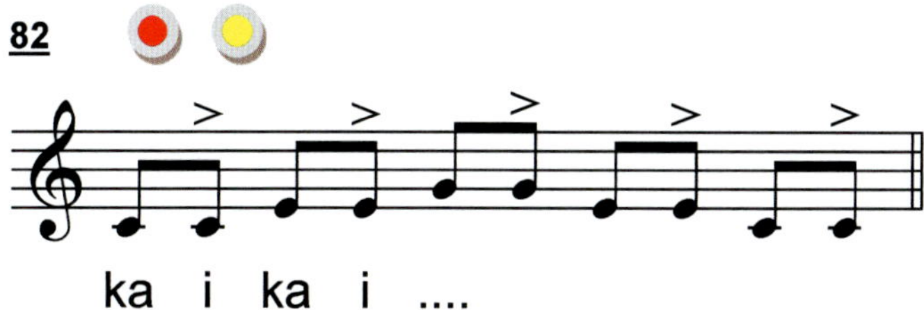

Mache das *k* stark und gib auf dem *i* einen Impuls. Denke an den gehobenen Gaumen beim *i* .

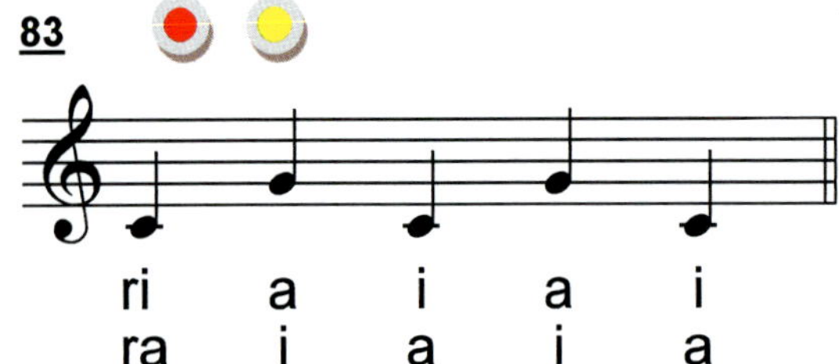

Mache das *r* stark und lasse auf den folgenden Vokalen die Bauchmuskeln nicht los. Spürst du schon, dass auch deine Rückenmuskeln angespannt sind? Denke daran, in der Höhe den *Schwa*–Laut zu singen.

Übe die untere Vokalreihe in die Tiefe.

Literaturübung

Robert Franz: „Gleich und gleich“ (s. Anhang).

Lies zuerst das Gedicht stumm und rezitiere es danach laut. Sprich es anschließend im Rhythmus der Melodie. Denke beim nachfolgenden Singen daran, dass jedes *e* in der Höhe zum *ö* wird. Das *a* wird in der Höhe zum *Schwa*-Laut. Vermeide in „füreinander“ ein vokalisches *r* : Ziehe also am Ende des Wortes die Zunge nicht herunter, sondern bilde das *r* entweder als Zungenspitzen-*R*, oder als kurzes *d* . Möglich ist auch ein kurzes Rachen-*R*, durch ein Anheben des hinteren Teils der Zunge.

Der Gebrauch des Zungenspitzen-*R* wird unterschiedlich gehandhabt: Im Italienischen, Russischen etc. wird es sprachlich bedingt automatisch angewandt, ebenso in allen deutschen Arien. In lyrischen Arien und Liedern führt man lediglich einen Zungenschlag aus, für einen dramatischen Ausdruck verstärkt man das Zungenspitzen-*R*. Im deutschen Lied allerdings wird häufig, besonders am Wortende, das *r* nur durch ein leichtes Anheben des hinteren Zungenteils gebildet.

LEKTION 15

Dein Körper als Instrument
Der richtige Atem: Die schnelle Einatmung

Stelle dich aufrecht hin und strecke die Arme einatmend nach vorne, die Handflächen weisen nach unten. Jetzt bringe die gestreckten Arme ausatmend schwungvoll nach hinten, komme dabei auf die Zehenspitzen und entspanne deine Wadenmuskeln. Wenn du wieder nach vorne kommst, stehe auf dem ganzen Fuß. Mache die Übung in schnellem Tempo, solange es dir angenehm ist.

Anschließend schwinge beide Arme locker von einer Seite zur anderen. Dabei dreht sich dein Oberkörper so weit wie möglich mit und die Einatmung findet statt. Die Ausatmung erfolgt kurz, während du nach vorne schaust und die Arme nach unten hängen. Gehe in dieser Position ein wenig in die Knie.

Beobachte, dass sich die Bauchmuskeln beim Einatmen schnell entspannen. Dadurch kann sich das Zwerchfell sofort senken und die Luft füllt reflektorisch die Lungen. Diese Einatmung ist oft während eines Stückes notwendig, wenn wenig Zeit zum Atmen bleibt.

Übungen für die U-Form

84

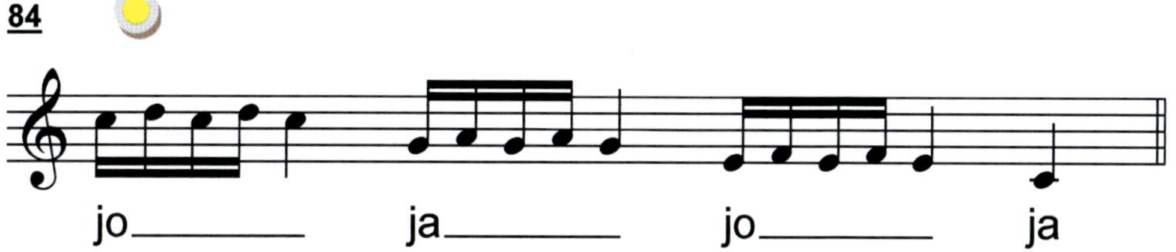

Singe fröhlich.

Wirf bei jeder Silbe einen Arm zur Seite. Halte Kinn und Lippen trotz *j* in der U- und A-Form ruhig.

85

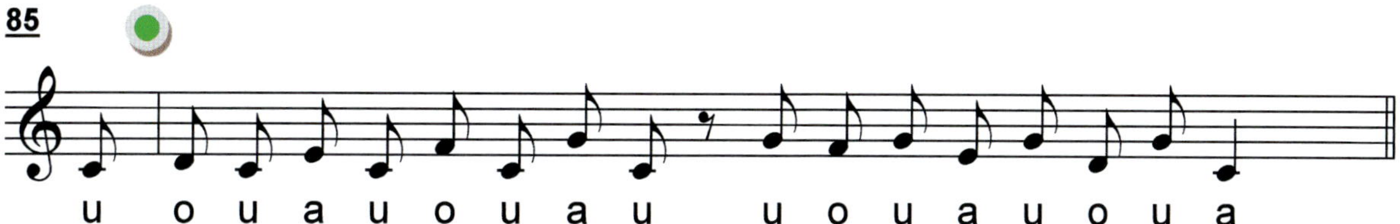

Ziehe mit dem ausgestreckten rechten Arm eine imaginäre Linie. Beginne rechts außen auf Kopfhöhe und bringe deinen Arm bis zur Mitte. Hebe während der Pause einatmend den anderen Arm, übernehme die Linie und ziehe sie nach links außen. Singe die Vokale so ähnlich wie möglich, verändere deine innere Mundform also so wenig wie möglich.

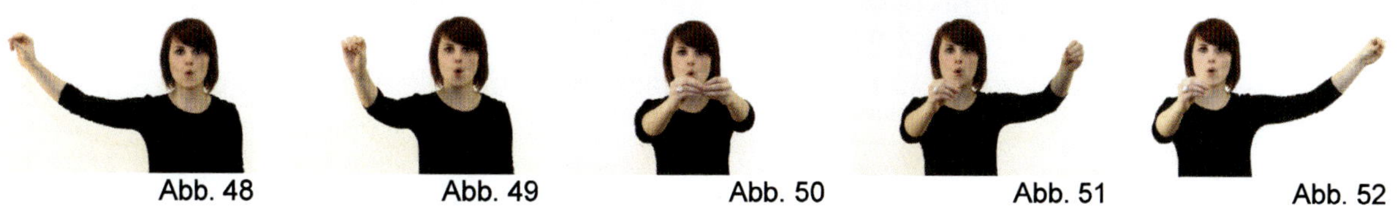

Abb. 48 Abb. 49 Abb. 50 Abb. 51 Abb. 52

86

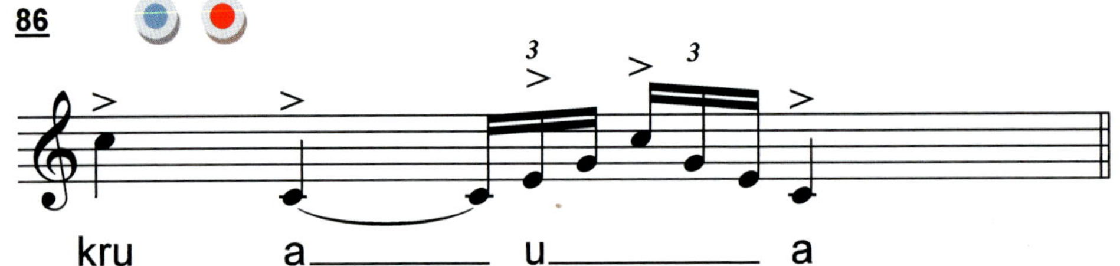

Singe sehr energisch.

In dieser Übung setzt das Zwerchfell die Impulse, die Bauch- und Rückenmuskeln bleiben gespannt. Durch die sich anspannenden Zwischenrippenmuskeln entsteht ein Dehnungsgefühl im gesamten Brustkorb. Übe auch in die Tiefe.

Übungen für die A-Form

87

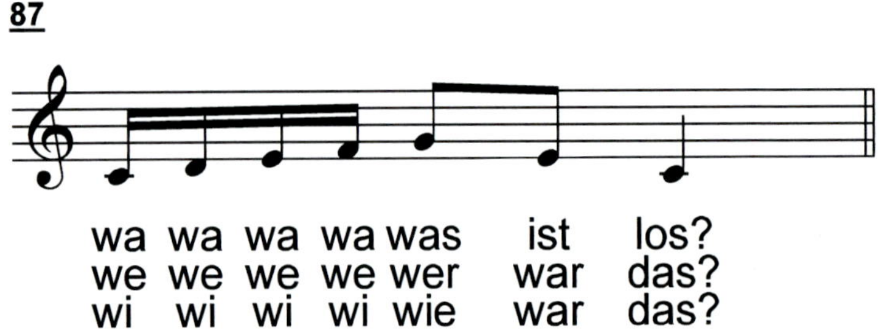

Singe freudig erstaunt.

Denke an:

- Kinn herunter nehmen
- Lange Vokale auf den Achteln und der Viertel
- Impuls, wenn das Wort mit einem Vokal beginnt
- Raum über der Zunge bei *e* und *i*

88

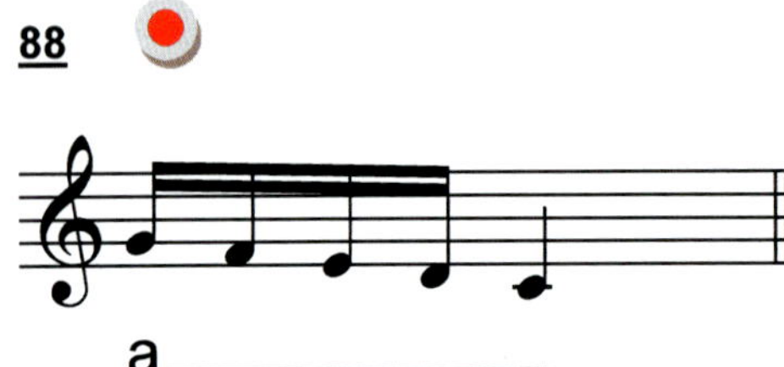

Singe jammernd.

Stelle dir vor, du rüttelst an den Gitterstäben einer Gefängniszelle. Mache auf jedem *a* eine Rüttelbewegung mit den Fäusten. Es entstehen sehr starke Impulse und dasselbe Körpergefühl wie bei Übung 86. Denke an das dunkle *a* in der Mittellage und den *Schwa*-Laut in der Höhe.

89

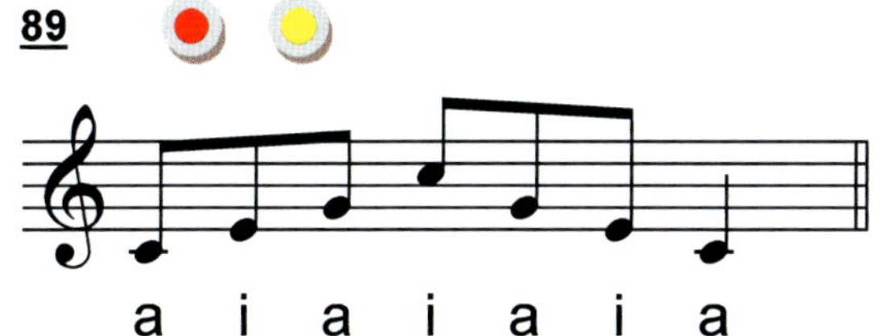

Singe aktiv.

Nimm einatmend einen Arm nach hinten und kreise beim Singen mit dem Arm (s. S.28 Abb.26-29).

Nicht vergessen:

- Lächeln
- A-Form
- Zungenbewegung
- Kinn in der Höhe trotz *i* fallen lassen
- In der Höhe Zähne zeigen

90

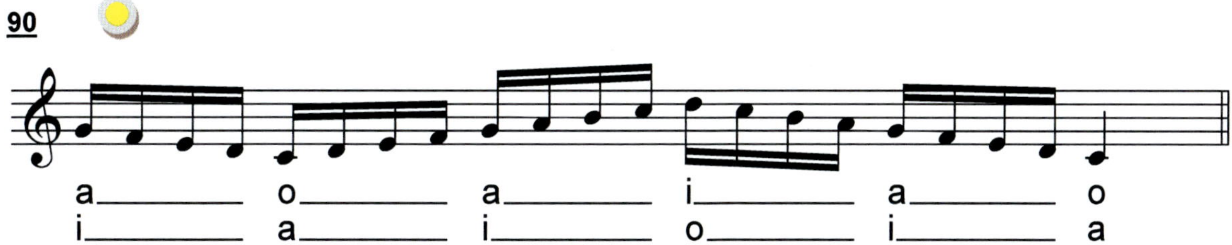

Hebe einatmend ein Bein und den entgegengesetzten Arm. Gehe dann singend im Metrum, während du abwechselnd die Arme hebst und senkst.

Literaturübung

Ludwig van Beethoven: „Lied des Marmottenbuben“ (s. Anhang).

Singe die Melodie mit den Vokalen *a* und *o* und wechsle sie bei jedem Ton. Gehe dabei umher und pendle mit den Armen, dann lies den Liedtext. Rezitiere ihn jetzt und versetze dich in die Situation des Jungen, der für seinen Lebensunterhalt singen muss. Dann singe das Lied energievoll mit vielen Impulsen und starken Konsonanten. Denke daran, das *e* von „avec“ in der Mittellage als offenes *ö* und in der Höhe als geschlossenes *ö* zu singen.

LEKTION 16

Dein Körper als Instrument
Der richtige Atem: Die geweiteten Flanken

Strecke beide Arme nach vorne, die Handflächen zeigen dabei nach unten. Bringe dann die Arme in großem Bogen seitlich nach hinten und falte die Hände. Jetzt versuche Kopf und Arme zusammen zu bringen, der Kopf geht dabei in den Nacken. Verharre zunächst in dieser Position, atme ruhig und gehe, ohne die Knie durchzudrücken, in die Rumpfbeuge. Bringe jetzt die Arme mit gefalteten Händen so weit wie möglich in Richtung Zimmerdecke, halte diese Stellung und atme gleichmäßig. Löse die Übung auf, indem du sie rückwärts durchführst und dich danach entspannst.

Anschließend gehe mit dem rechten Arm in Richtung der linken Zehen. Bleibe dabei in den Knien locker. Nun hebe den linken Arm senkrecht nach oben und schaue deine linke Hand an. Verharre so und atme tief. Löse auf und mache die Übung zur anderen Seite.

Übungen für die U-Form

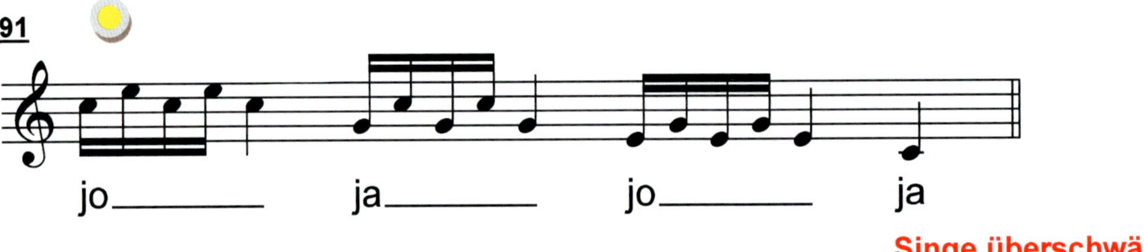

Singe überschwänglich.

Wirf bei jeder Silbe einen Arm zur Seite.

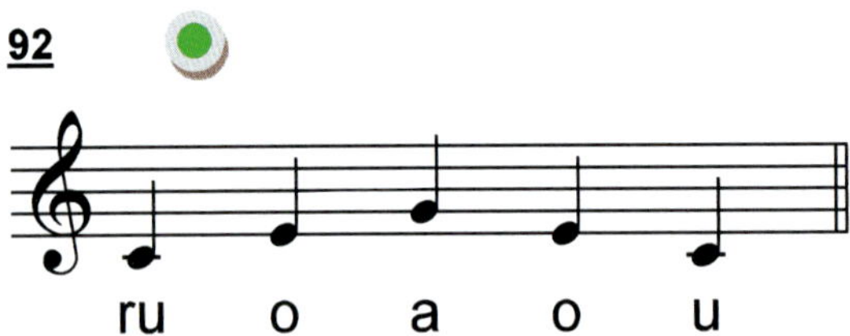

Rühre auf dem Handteller (s. S.31 Abb.32) und gleite von einem Vokal zum nächsten.

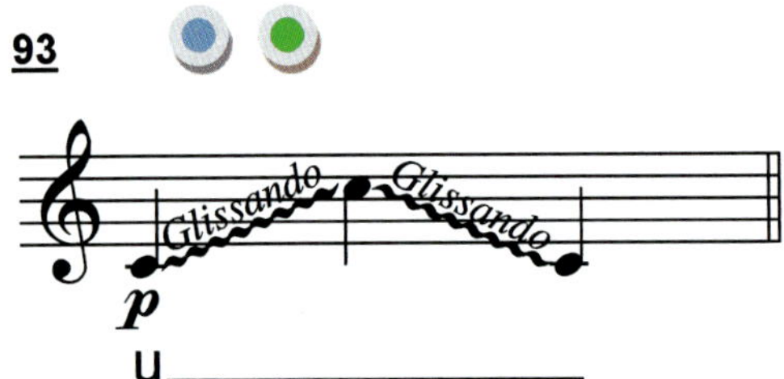

Ziehe „den Faden hoch“ (s. S.43 Abb.37-39).

Setze im Lächeln an, löse auf dem Weg zur Höhe das Kinn und ziehe deine Oberlippe hoch. Bleibe im *u* , also in den Mundwinkeln schmal. Bringe beim Abwärtsgleiten die Lippen wieder mehr zusammen, ohne das Kinn hoch zu nehmen. Die Mundöffnung ist jetzt etwa kirschkerngroß.

Übungen für die A-Form

94

Vorübung: Bringe Daumen und Mittelfinger der rechten Hand zusammen. Jetzt bilde stumm - aber mit offenem Mund - ein helles *a* und halte die Luft an. Dann sprich das *a* kurz mit Stimme und löse gleichzeitig wieder Daumen und Mittelfinger. Wiederhole die Übung einige Male. Spürst du, wie sich deine Stimmlippen schließen und öffnen?

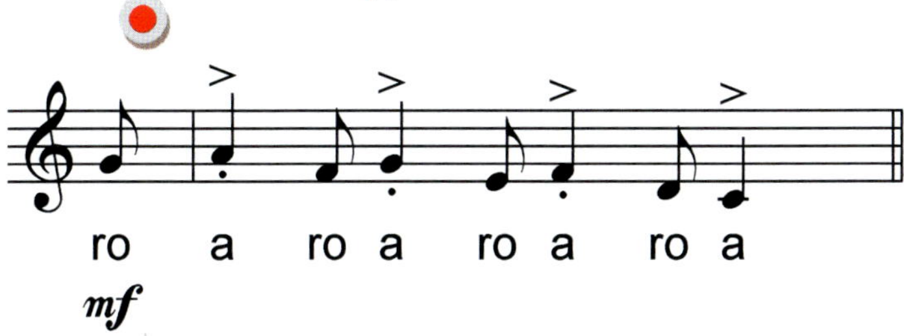

Hier ist es sehr wichtig, das *a* als offenes *o* zu singen, sonst wird es für die Stimmlippen zu anstrengend. „Knalle" den zweiten, vierten, sechsten und achten Ton heraus wie Hundegebell. Schlage bei diesen Tönen jeweils mit der Faust vor dich. Übe auch in die Tiefe.

95

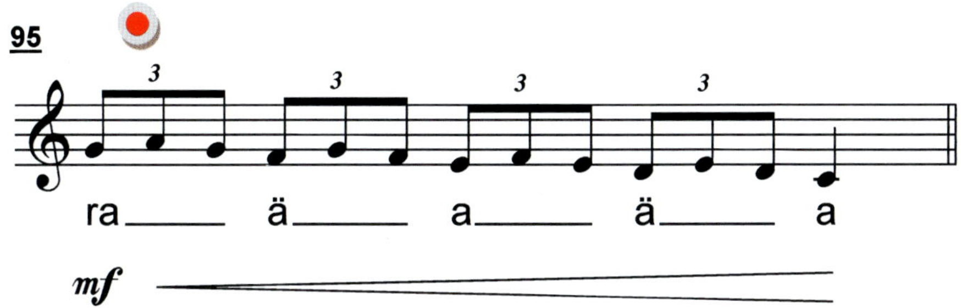

Singe energisch.

Singe mit aufgestellten Armen. Bei dieser Übung schüttelt sich dein Kehlkopf fast so sehr wie beim Jammern in Übung 88. Werde nach unten hin immer lauter und energischer, achte aber auf den Vokalausgleich und singe dunkle Vokale. Übe auch in die Tiefe.

96

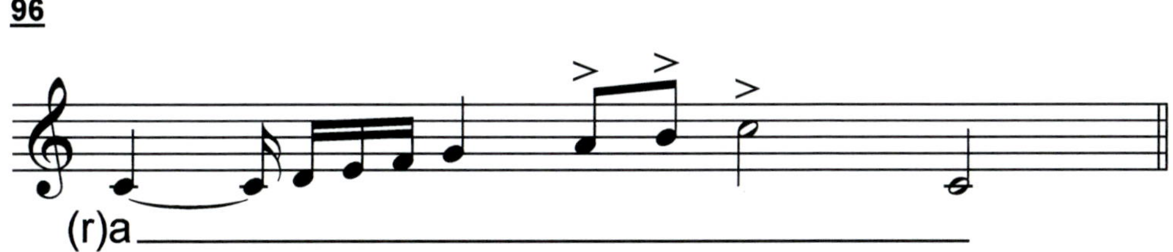

Singe froh und energisch.

Beim Tonansatz setzt du einen Impuls und spannst die Bauchmuskeln an. Deine Bauchmuskeln bleiben gespannt, das Zwerchfell gibt weitere kleine Impulse. Dadurch erhöht sich die Muskelspannung und es fühlt sich wieder so an, als dehne sich dein Brustkorb. Singe in der Höhe den *Schwa*-Laut.

Literaturübung

Italienisches Volkslied: „I maccheroni" (s. Anhang). Sprich den Text laut und übe die Aussprache. Dann sprich den Text im Liedrhythmus. Anschließend singe das Lied und achte darauf, deutliche *u* und *o* sowie die *e* als offene *ö* zu singen.

LEKTION 17

Dein Körper als Instrument
Der richtige Atem: Atmung und Beckenposition

Setze dich in die Mitte eines Stuhles und stelle dir vor, du sitzt auf dem Zifferblatt einer großen Uhr. Vor dir ist die 12, rechts die 3, hinten die 6 und links die 9.

Beuge dich langsam zur 12 und komme zur Mitte zurück. Dann gehe langsam zur 6 und komme zurück. Anschließend gehe genauso zur 3 und zur 9. Spürst du deine Gesäßknochen? Atme jetzt einmal stark auf *f* aus. Spürst du, wie sich dein unterer Rücken Richtung 6 bewegt? Das ist wieder das leichte Kippen des Beckens nach vorne (s. Lektion 3, „Der richtige Stand").

Nun führe die rechte Hand am Oberkörper vorbei auf die linke Seite der Rückenlehne, drehe dich dabei einatmend nach links und schaue so weit wie möglich nach hinten. Kippe auch dabei dein Becken nach vorne. Atme mehrere Male in dieser Position und löse dann auf. Mache dasselbe zur anderen Seite.

Übungen für die U-Form

97

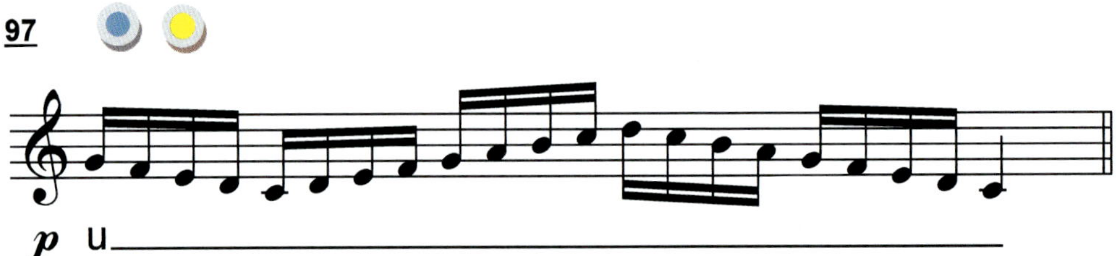

Singe leise aber bestimmt.

Denke an die Öffnung des Mundes, wenn du in die Höhe singst und an das Schließen der Lippen auf dem Rückweg in die Mittellage. Beides soll in einer fließenden Bewegung passieren. Gehe dabei umher.

98

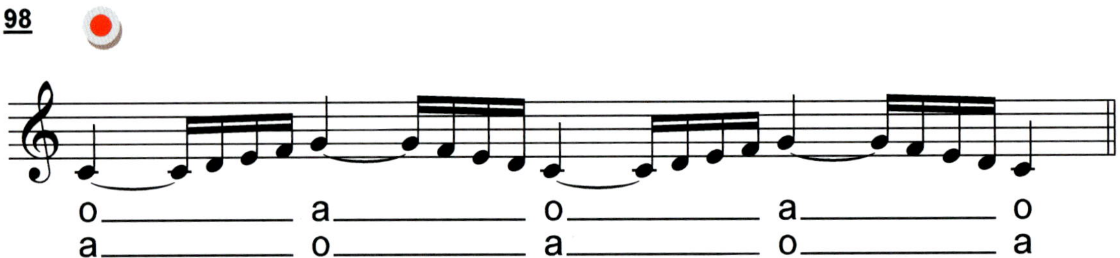

Übe die untere Vokalreihe auch in die Tiefe. Wirf bei jedem Vokal eine Faust in die Ferne.

99

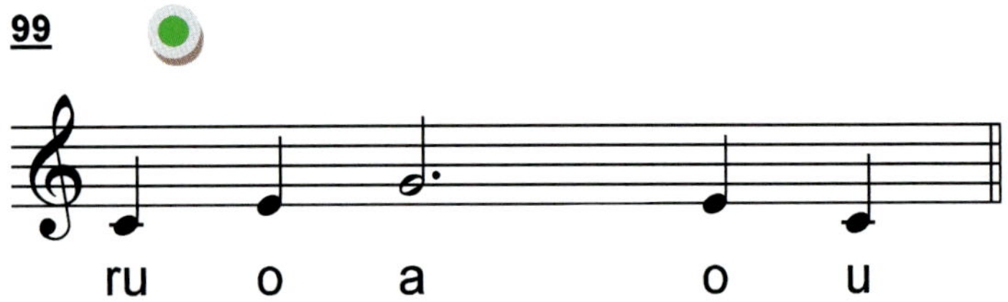

Rühre singend auf dem Handteller (s. S.31 Abb.32). Vielleicht spürst du dabei die Resonanz als Vibration – in der Mittellage im Mundraum, in der Höhe auch weiter oben im Kopf.

100

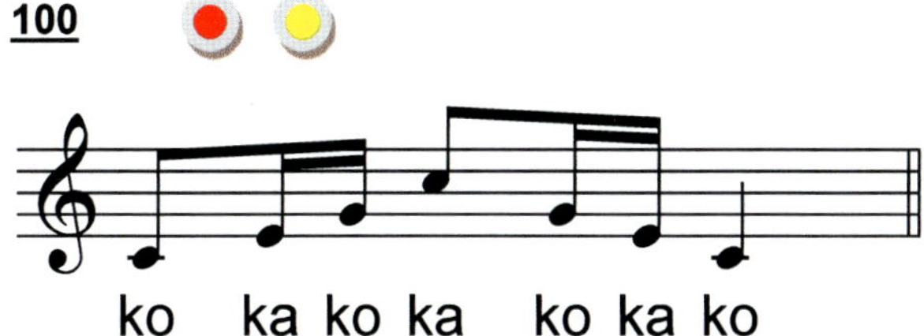

Drücke mit den Fingerspitzen beider Hände auf deine unteren Bauchmuskeln und erhöhe während des Singens leicht den Druck.

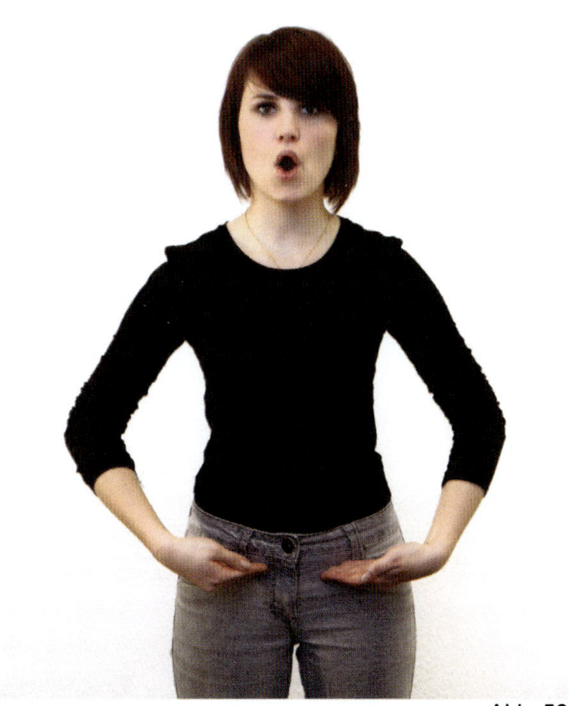

Abb. 53

Übungen für die A-Form

101

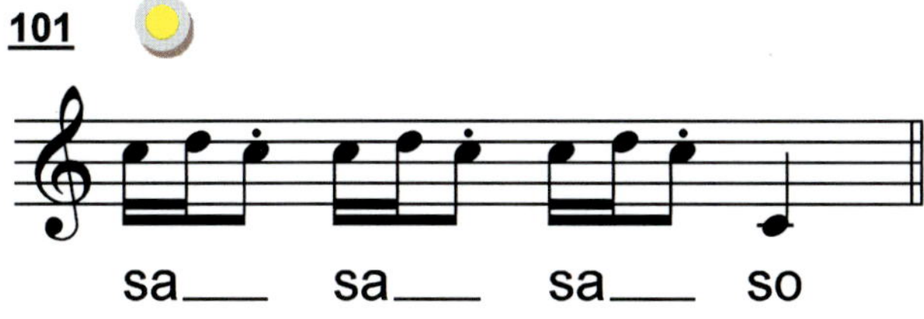

Singe lächelnd.

Singe ein starkes stimmloses *s* .
Breite einatmend die Arme aus und drehe gleichzeitig den Oberkörper zur Seite. Drehe dich mit ausgestreckten Armen singend zur anderen Seite, hier ausatmend die Arme senken.

102

Vorübung: Atme tief ein, als wolltest du einen Luftballon aufblasen, der sich nur sehr schwer füllen lässt. Bilde dann in der Schnute ein *f* , presse die Zähne ein wenig auf die Unterlippe und atme in dieser Position möglichst lange aus. Die Muskelarbeit bei dieser Übung entspricht der Stütze beim Singen.

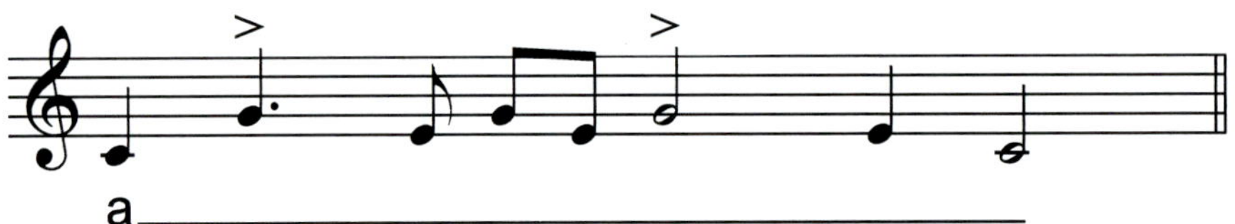

Wie immer: Lächeln und A-Form, keine Bewegung mit Kinn, Lippen und Zunge. Spüre deine Stütze: Die kleinen Bewegungen des Zwerchfells und deine sich immer stärker spannenden Bauchmuskeln. Denke an das Aufblasen des Luftballons.

Wenn du in der Höhe in den *Schwa*-Laut wechselst, achte auf eine lockere Zunge. Im Mund muss ein weiter Raum entstehen.

103

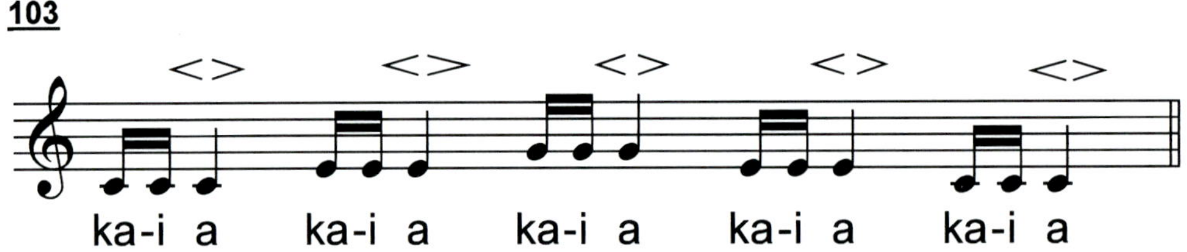

Spüre die Anspannung der Rückenmuskeln auf dem zweiten *a* . Sie gehören auch zur Stütze.

Literaturübung

Italienisches Volkslied: „I maccheroni" (s. Anhang).

Verdeutliche dir die Aussage des Textes und überlege dir dazu Mimik und Bewegungen. Singe das Lied theatralisch, ohne dabei die technischen Einzelheiten zu vergessen: Beim *„miei"* wird das *e* aufgrund der Höhe zum geschlossenen *ö* .

LEKTION 18

Dein Körper als Instrument
Die innere Disposition: Mentale Entspannung

Die mentale Verfassung des Sängers hat wesentlichen Einfluss auf Stimme und Vortrag. Die folgenden Lektionen führen in den bewussten Umgang mit der „inneren Disposition“ ein.

Lege dich auf den Rücken. Benutze eine Unterlage und eine leichte Decke. Lächle und spüre deinen rechten Arm. Denke: „Mein rechter Arm ist schwer, mein Oberarm ist entspannt, mein Unterarm ist entspannt, meine Hand ist entspannt. Mein ganzer Arm liegt gelöst auf der Unterlage.“ Wiederhole dasselbe mit dem linken Arm.

Jetzt übertrage die Übung auf deine Beine: „Mein rechtes Bein ist schwer, mein Oberschenkel ist entspannt, mein Unterschenkel ist entspannt, mein Fuß ist entspannt. Mein ganzes Bein liegt gelöst auf der Unterlage.“ Wiederhole dasselbe mit dem linken Bein Danach: „Mein Kopf liegt schwer auf der Unterlage, meine Stirn ist entspannt, meine Augen sind entspannt, mein Kinn ist gelöst, meine Lippen sind entspannt. Mein Nacken ist entspannt, meine Schultern liegen schwer auf der Unterlage. Auch mein Rücken ist entspannt und mein Gesäß liegt schwer auf der Unterlage. Mein ganzer Körper ist schwer und entspannt.“

Fühle, wie du atmest und denke dazu: „Es atmet mich ein, es atmet mich aus.“
Spüre die Ruhe und den Frieden um dich herum und in deinem Inneren. Genieße die Stille in dir.

Übungen für die U-Form

104

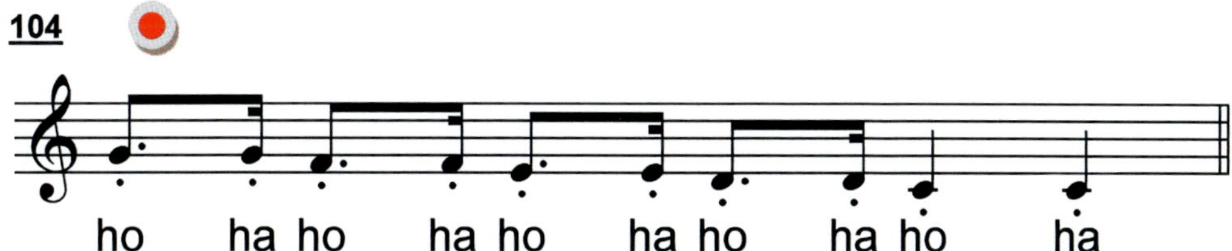

Singe fröhlich.

Spüre dein Zwerchfell!

105

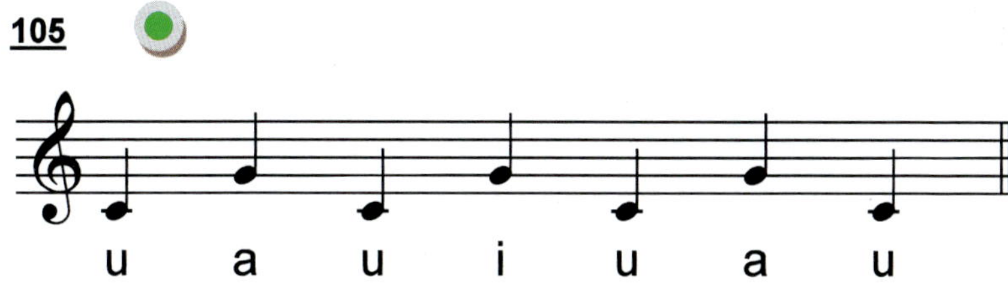

Lege deine Fäuste einatmend vor das Zwerchfell und bringe jeweils beim oberen Ton die Ellbogen vor. Spüre, wie sich die steigende Spannung der Bauch- und Rückenmuskeln sowie die Bewegungen des Zwerchfells immer mehr auf den Brustkorb auswirkt. Singe mit Vokalausgleich!

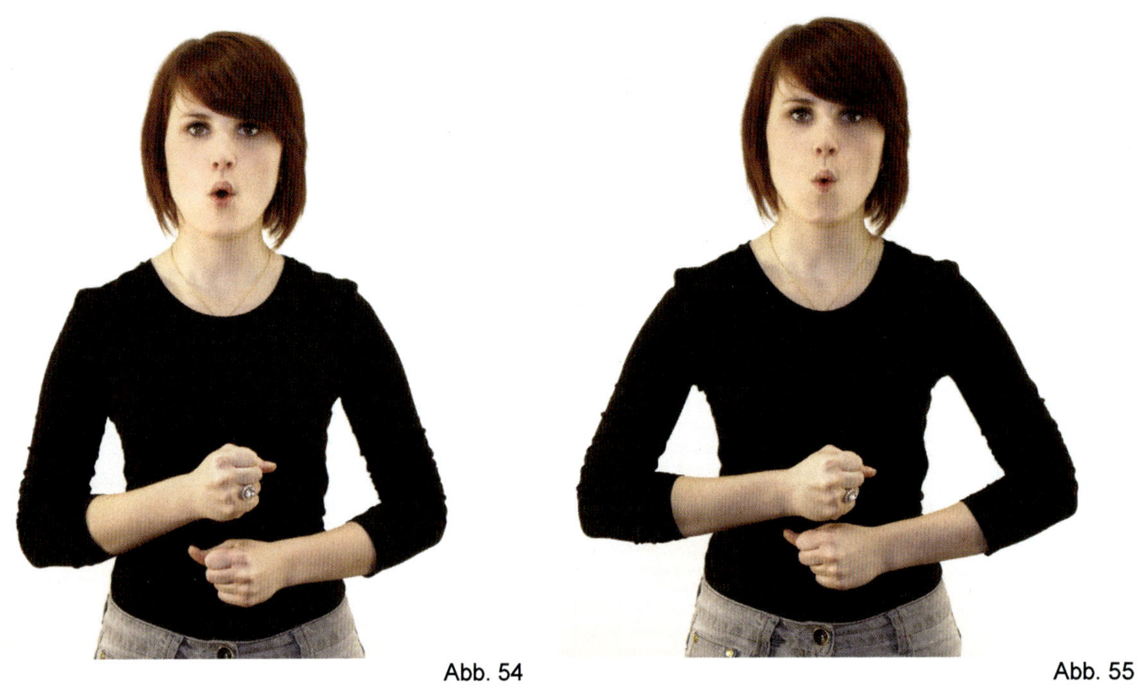

Abb. 54 Abb. 55

106

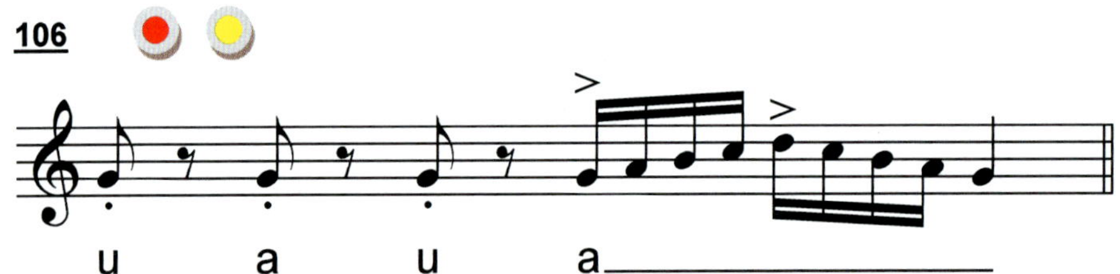

Singe die Übung dieses Mal im Forte und schlage bei den Achteln und der ersten Sechzehntel mit den Handflächen vor dich. Hebe während des Sechzehntellaufes die Hände vor den Kopf. Wirf sie beim höchsten Ton nach vorne und nimm sie abwärts singend zurück. Stelle dir vor, du wirfst den oberen Ton mit einem Impuls in die Ferne.

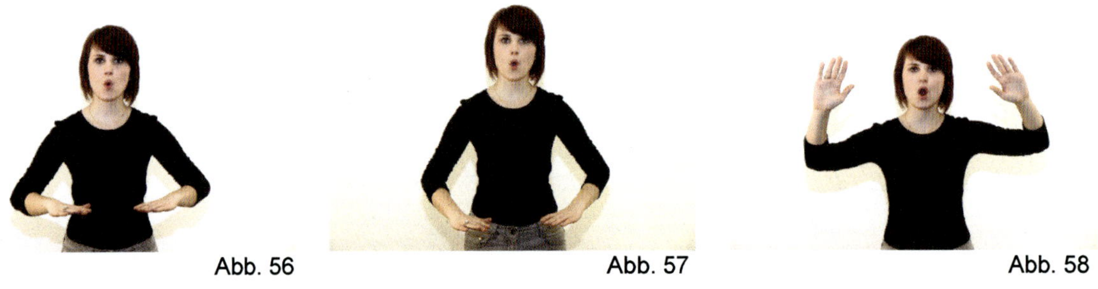

Abb. 56 Abb. 57 Abb. 58

Atemübung: Bringe zuerst mit hängenden Armen deine Schulterblätter zusammen. Jetzt komme einatmend mit beiden Armen in großem Bogen nach vorne (s. S.63 Abb.59 u. 60). Wenn du mit dieser Bewegung einatmest, spürst du im Rücken und in den unteren Rippen deutlich deinen Atem. So, als hättest du dort einen Schwimmreifen, den du aufbläst.

107

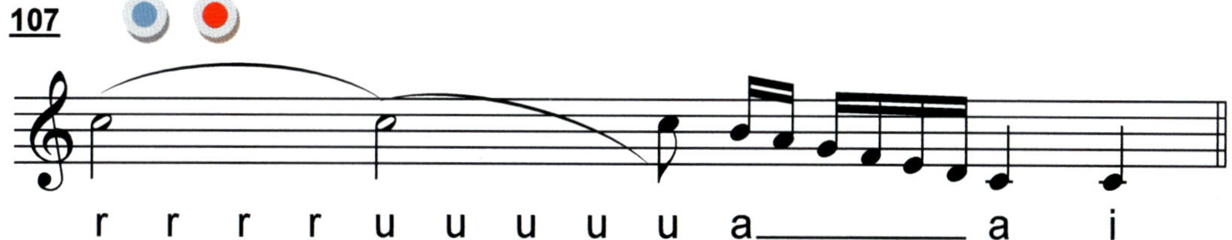

Atme mit der Bewegung der Atemübung ein. Bilde das *r* in der U-Form und rühre währenddessen auf dem Handteller. Gehe mit einem Impuls ins *u* , löse dabei dein Kinn und rühre weiter. Dann „jammere" bei der Tonleiter auf *a* und klopfe pro Sechzehntel mit den Fingerspitzen der rechten Hand auf den linken Handteller. „Rühre" bei den beiden letzten Vierteln wieder heftig.

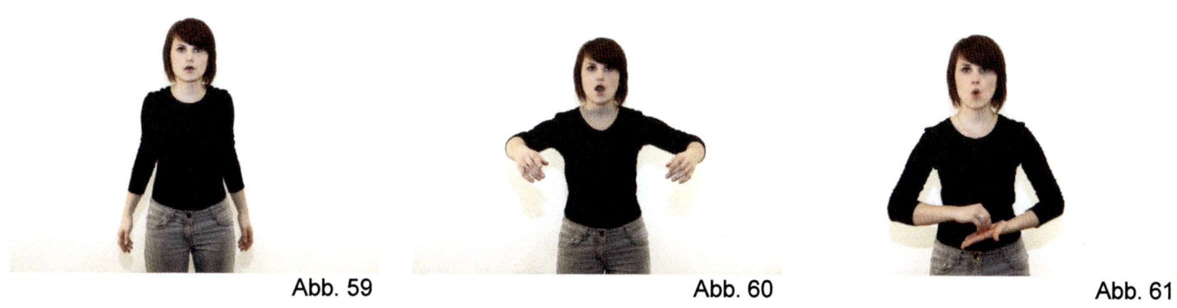

Abb. 59 Abb. 60 Abb. 61

108

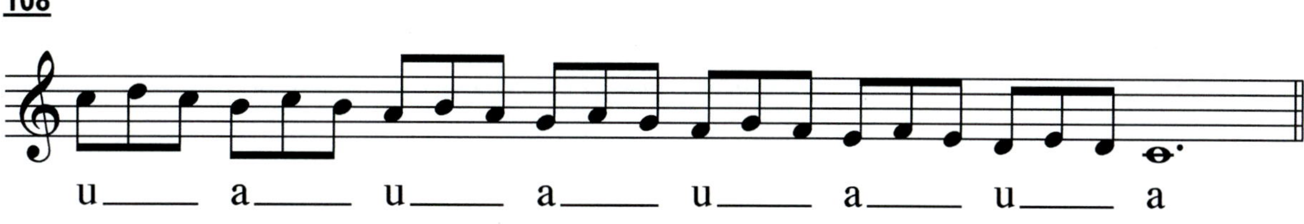

Strecke einatmend beide Arme mit den Handflächen nach unten waagerecht zur Seite und halte sie singend in dieser Position. Drehe auf dem Schlusston deine Arme aus der Schulter heraus immer stärker und mit größer werdender Bewegung im Kreis. Übe auch in die Tiefe.

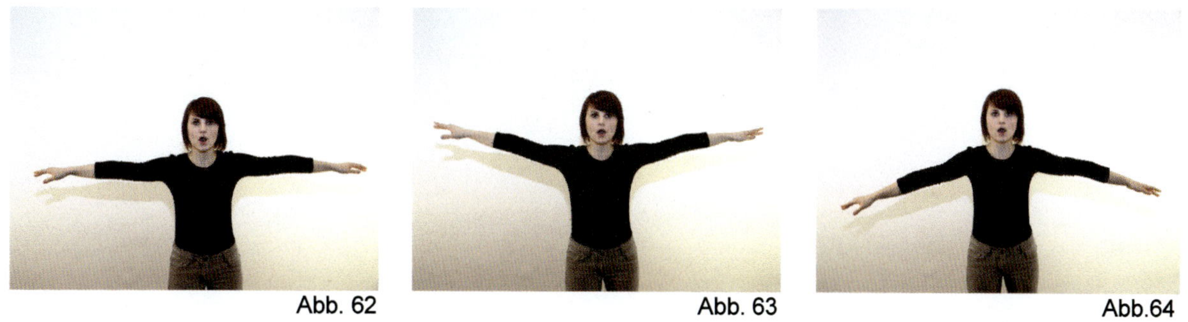

Abb. 62 Abb. 63 Abb.64

Übungen für die A-Form

109

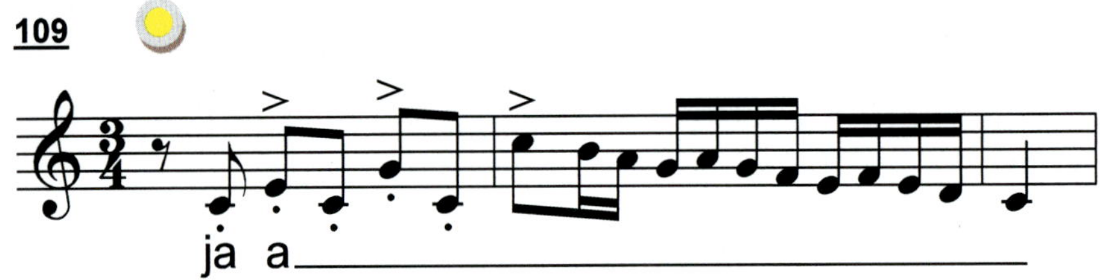

Das Leben ist schön!

Singe mit aufgestellten Armen. Schnipse beim Staccato und bewege beim Sechzehntellauf die Finger .(s. S.44 Abb.40)

Alternative: Stelle dir dies nur vor.

110

Vorübung: Lache einige Male.

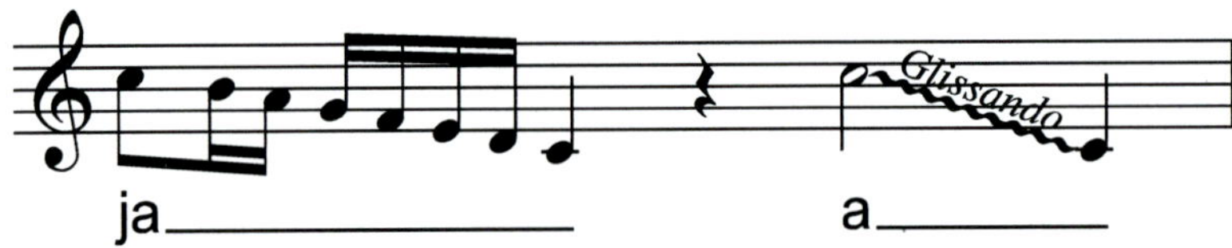

Lege die Fingerrücken an die unteren Rippen (s. S.27 Abb.24). Singe die Übung auch mit der Bewegung „Faden aus der Brust ziehen" (s. S.12 Abb.10 u. 11).

Literaturübung

Robert Schumann: „Erstes Grün" (s. Anhang).

Lies zum besseren Verständnis zunächst den Text wie gewohnt leise. Singe dann die Melodie auf *wo* . Anschließend singe den Text, indem du für alle Vokale ein *u* einsetzt.

LEKTION 19

Dein Körper als Instrument
Die innere Disposition: Mentale Vorbereitung

Setze oder lege dich hin. Stelle dir vor, du führst heute das Lied „Gleich und gleich" auf. Verdeutliche dir noch einmal den Inhalt des Textes: Blume und Biene ergänzen sich wunderbar.

Du stehst kurz vor deinem Auftritt und bist schön und angemessen gekleidet. Du wirst aus Freude zur Musik und für deine Zuhörer singen. Spüre die Stille in deinem Inneren. Sie ist deine Kraftquelle. Atme stark aus, lockere dich und betrete lächelnd den Saal.

Du gehst ruhig zu deinem Platz am Flügel, spürst den Boden unter den Füßen und dein Körper baut sich auf. Jetzt nimmst du zu deinem Klavierpartner Kontakt auf. Du empfindest die warme Frühlingsluft, den Sonnenschein und atmest im Staunen über die Schönheit der Blume ein.

Du singst in den Saal und füllst ihn mit Klang.

Übungen für die U-Form

111

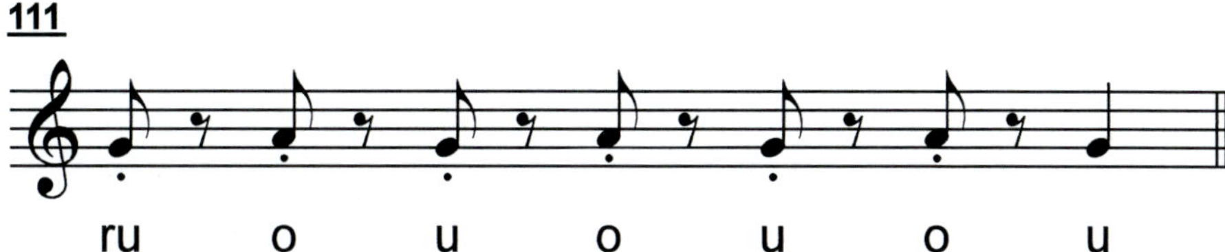

Stelle die Füße für diese Übung mehr als schulterbreit auseinander. Beginne mit dem Körpergewicht auf einem Bein und verlagere es bereits beim zweiten Ton schwungvoll auf das andere Bein. Fahre in diesem Wechsel fort. Spüre die Spannung in deinen Beinen.

112

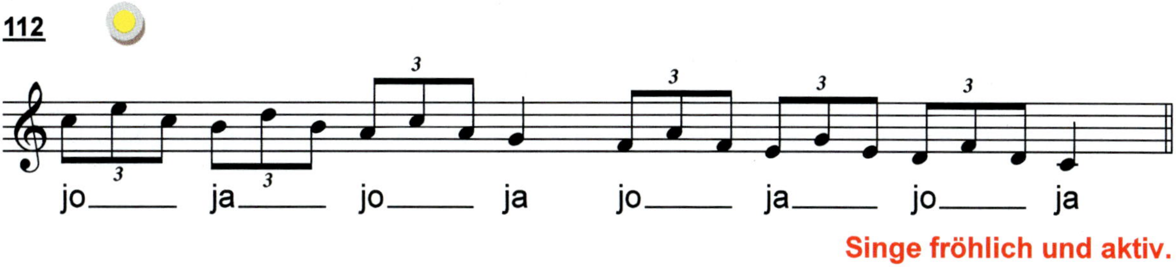

Singe fröhlich und aktiv.

Spüre den Impuls, die Zwischenrippenmuskeln, die Bauch- und Rückenmuskeln und die Spannung in den Beinen. Denke daran, das *j* mit der Zunge zu bilden und das Kinn ruhig zu lassen.

113

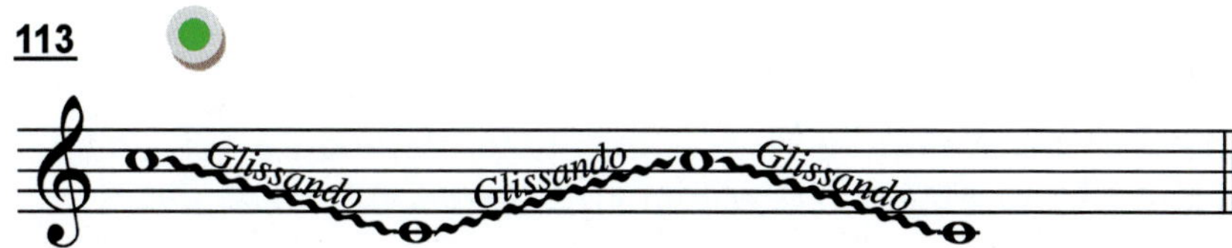

ruuuuuuuuuuaaaaaaaaaaauuuuuuuuuua

Verschränke die Hände einatmend hinter dem Kopf und spüre im Glissando die Körperspannung und deine Füße. Ausatmend die Arme fallen lassen.

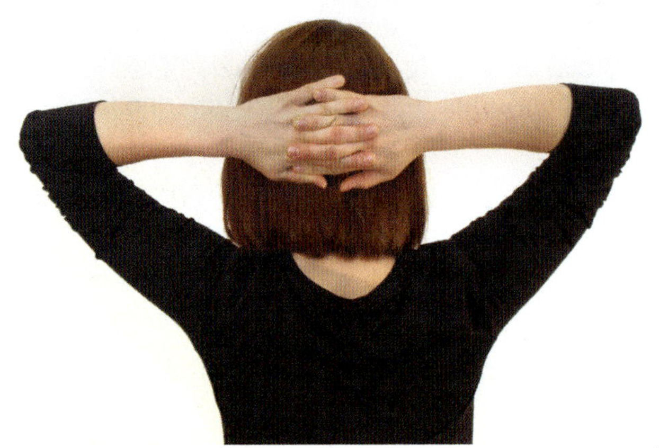

Abb. 65

114

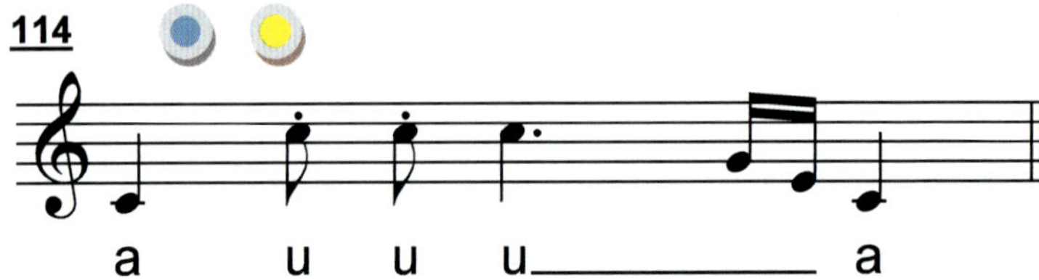

Forme aktiv mit der Oberlippe das *u* , ohne den Mundraum zu stören. Je höher du singst, desto mehr spanne deine Wangenmuskeln und forme das *u* mit der hoch gezogenen Oberlippe. Nimm das Kinn wie immer in der Höhe weiter hinunter als in der Mittellage.

115

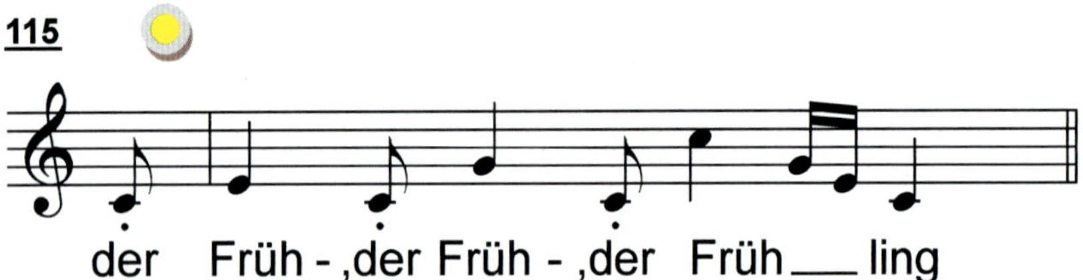

Achte auf das *e* von „der": Singe kein *ä* , sondern ein *e* wie in „See". Trainiere beim *ü* deine Oberlippe, deine oberen Schneidezähne müssen dabei sichtbar sein. Singe statt „der Frühling" auch: *das Jauchzen, das Loben, das Tönen, das Jubeln, das Leben, das Singen.*

Übungen für die A-Form

116

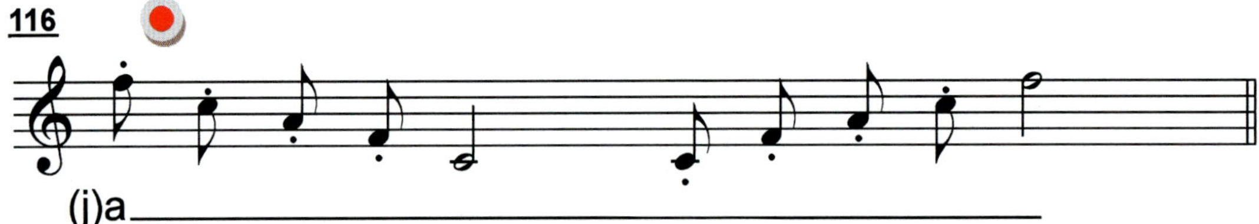

Übe in die Tiefe. Beginne lächelnd in der A-Form und im *Schwa*-Laut. Verändere den Vokal nach unten ins dunkle *a* und lande beim letzten Ton wieder im *Schwa*-Laut. Gehe dabei auch umher.

117

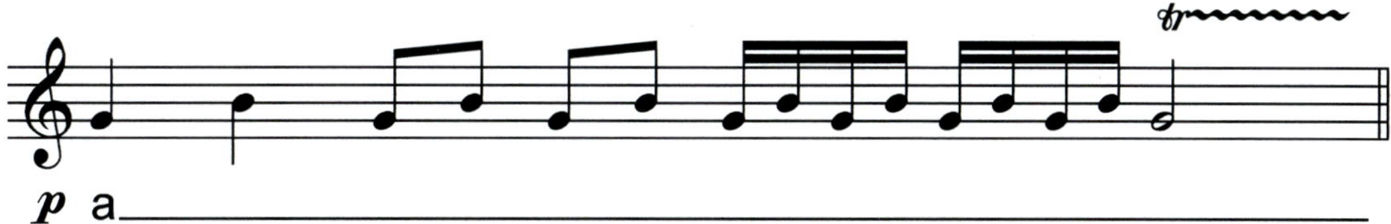

Stelle dir während des Trillers vor, weiterhin eine Terz zu singen. Singe höchstens im Mezzoforte und spüre, dass dein Kehlkopf wie beim Kichern kleine Bewegungen vollzieht. Nimm deine Bauch-, Zwischenrippen- und Rückenmuskeln bewusst wahr. Singe in die Ferne. Ziehe dabei „den Faden aus der Brust“ (s. S.12 Abb. 10 u. 11).

118

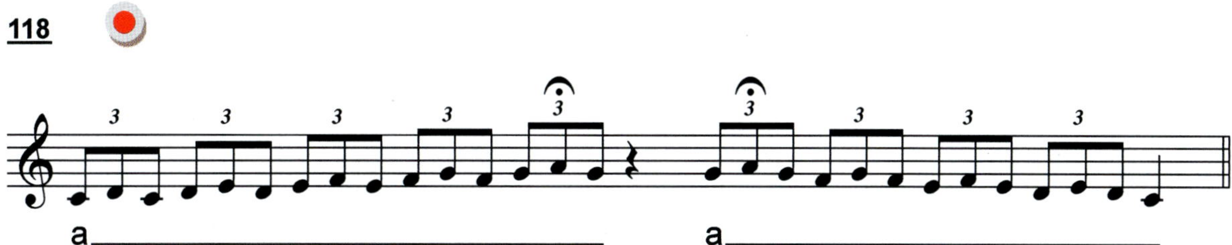

Singe mit aufgestellten Armen. Bewege bei den Fermaten die Arme in dieser Position nach hinten und bringe sie beim nachfolgenden Ton wieder in die Ausgangsposition. Atme in der Pause ein.

Verändere den Vokal *a* ab d´´ zum *Schwa*-Laut und halte mit lockerer Zunge den Mundraum weit. Bei der Abwärtslinie wird ab c´´ der *Schwa*-Laut zum dunklen *a* .

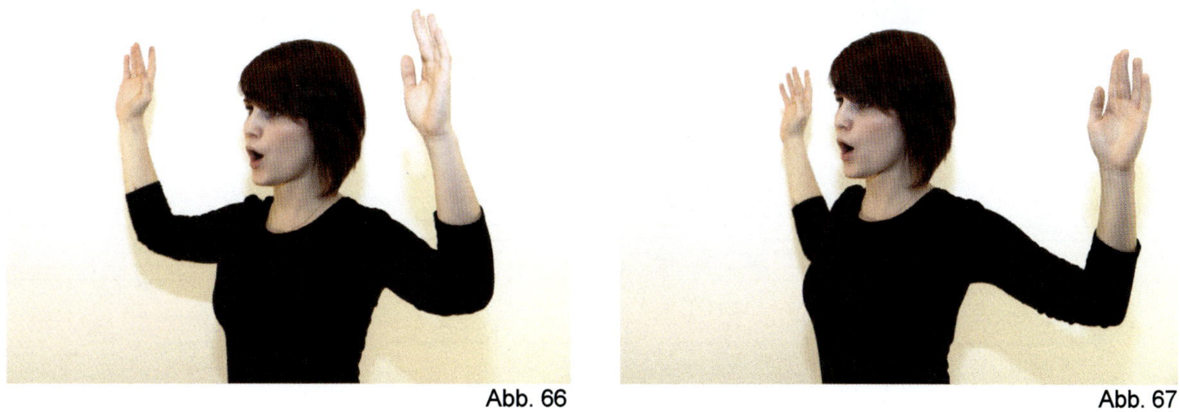

Abb. 66 Abb. 67

Literaturübung

Robert Franz: „Gleich und gleich“ (s. Anhang).

Denke noch einmal an die Visualisierung zu Beginn dieser Lektion. Übe auf diese Art mehrmals den Auftritt und das Singen des Liedes.

LEKTION 20

Dein Körper als Instrument
Die innere Disposition: Mentale Aufmerksamkeit

Hebe dein linkes Bein und bringe die rechte Hand auf das linke Knie. Setze ab, hebe das rechte Bein und führe die linke Hand auf das rechte Knie. Mache dies im Wechsel.

Nun verfahre ebenso mit dem rechten Ellbogen und führe ihn zum linken Knie. Das Gleiche folgt wie auch in den nächsten beiden Übungen seitenverkehrt und mit Wiederholungen.

Jetzt hebe deine linke Ferse nach hinten hoch und berühre sie mit der rechten Hand.

Dann strecke das linke Bein zur Seite und den rechten Arm hoch zur anderen Seite.

Abschließend „streiche deine Ohren aus": Massiere beginnend über dem Ohrknorpel die Ohrmuschel von innen nach außen bis zum Ohrläppchen, als ob du das Ohr glätten wolltest.

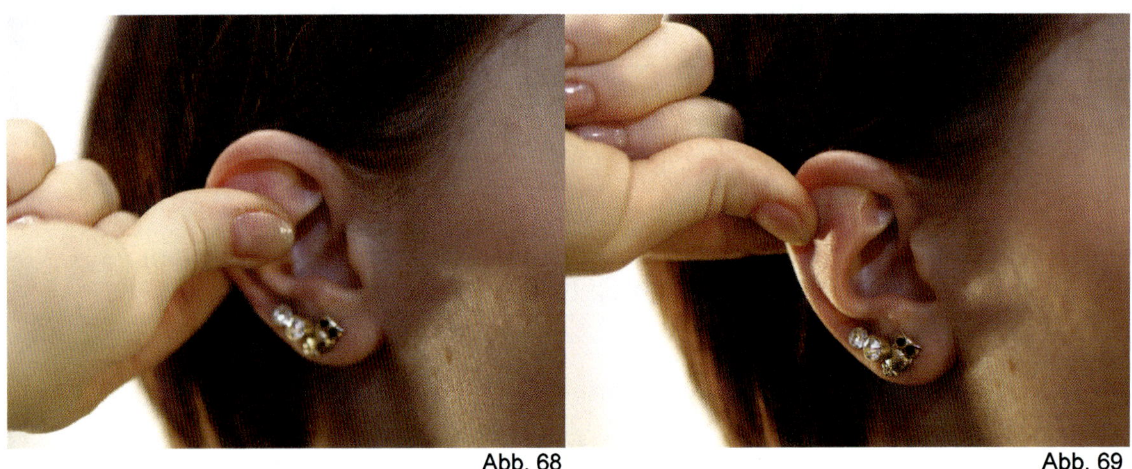

Abb. 68 Abb. 69

Übungen für die U-Form

119

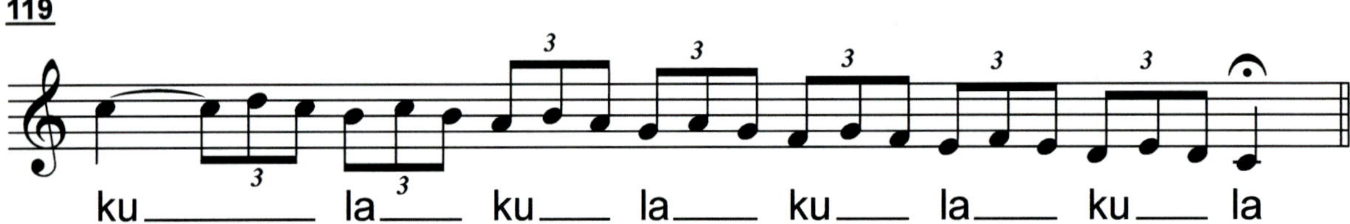

Bringe zuerst mit hängenden Armen deine Schulterblätter zusammen. Komme einatmend in großem Bogen mit den Armen nach vorne und öffne sie singend.

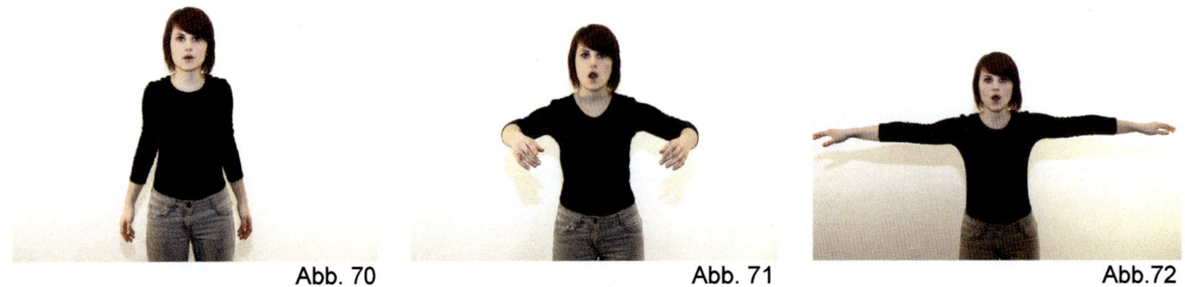

Abb. 70 Abb. 71 Abb.72

120

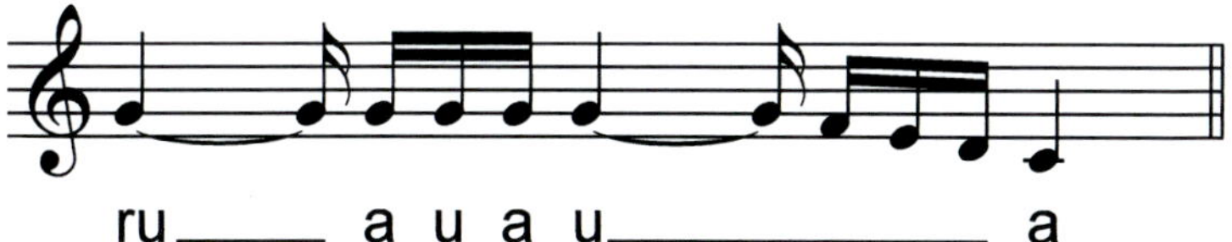

Singe aktiv bis zum letzten Ton.

Singe mit aufgestellten Armen und spüre die Spannung der Rückenmuskeln. Alternative Bewegung: „Ziehe den Faden aus der Brust". Übe auch in die Tiefe.

121

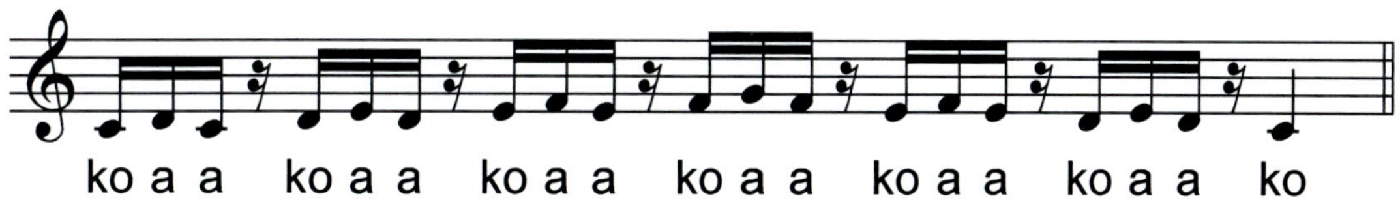

Deine Bauchmuskeln erhöhen während der ganzen Übung leicht die Spannung, sie gehen also nach innen. Atme in den Pausen nicht und singe starke Konsonanten.

122

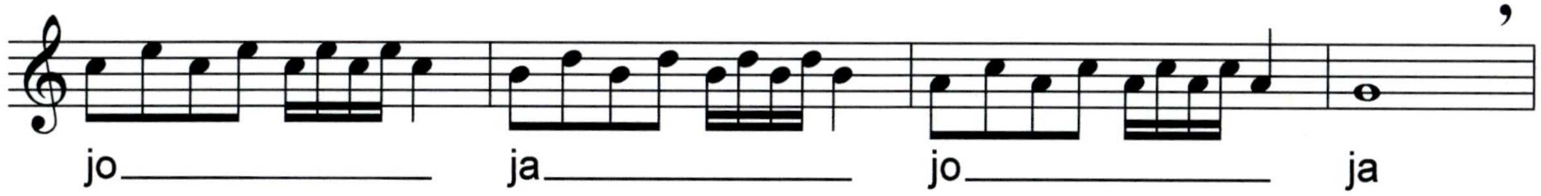

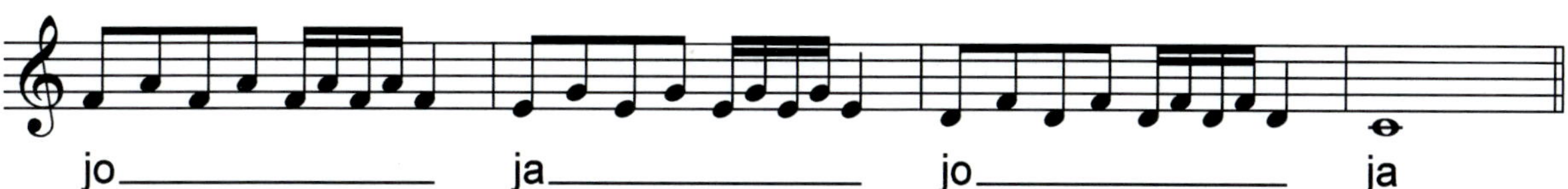

Wirf bei jeder Silbe eine Faust zur Seite.

Übungen für die A-Form

123

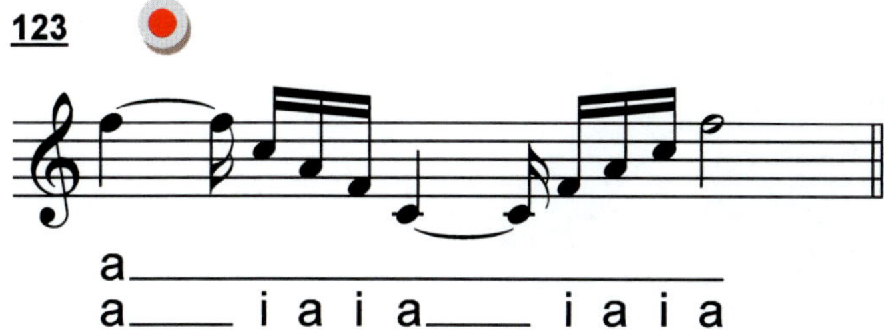

Übe in die Tiefe. Spüre bereits beim ersten Toneinsatz deinen Körper: Füße, Beine, Zwerchfell (Impuls), Rippen, Bauch und Rücken. Beginne im *Schwa*-Laut mit Bäckchen und gehobener Oberlippe. Spüre beim letzten Ton noch einmal bewusst Impuls, Rippen, Bauch, Rücken und Bäckchen. Dein Körper leistet dabei die Muskelarbeit, die beim Aufblasen eines Luftballons entsteht (s. S.60 Vorübung 102).

Jetzt werden die wesentlichen technischen Komponenten der Belcanto - Technik deutlich: Der optimal geformte Vokaltrakt und eine elastische Stütze. Im Zusammenspiel führt beides zu einer großen Wandlungsfähigkeit der Stimme und eröffnet vielfältige klangliche Gestaltungsmöglichkeiten.

124

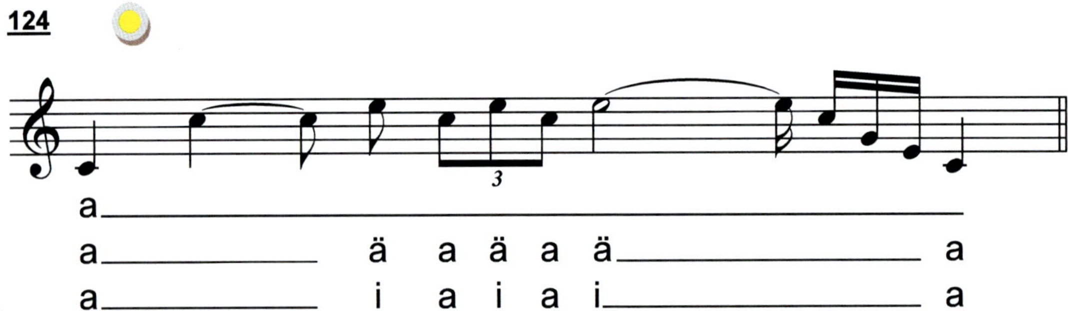

Bewege einen hängenden Arm einatmend nach hinten. Führe ihn während der ersten beiden Töne nach vorne und dann über den Kopf. Drehe dann den Unterarm, als ob du ein Lasso schwingst, dies besonders heftig bei der halben Note. Senke den Arm mit der Melodie. Spüre die Schwingungen in und um deinen Kopf.

Literaturübung

Robert Schumann: „Erstes Grün“ (s. Anhang).

Halte mit beiden Händen seitlich deine Noten, die Ellbogen sind dabei angehoben. Drehe dich einatmend zur Seite und singend zurück. Bewege dich beim nächsten Atemholen weiter in diese Richtung und drehe den Oberkörper beim Singen zurück. Jetzt überlege, wann du portato oder legato singen willst. Setze viele Impulse im Portato. Halte beim Legato die Spannung und singe lange Vokale. Empfinde den Text!

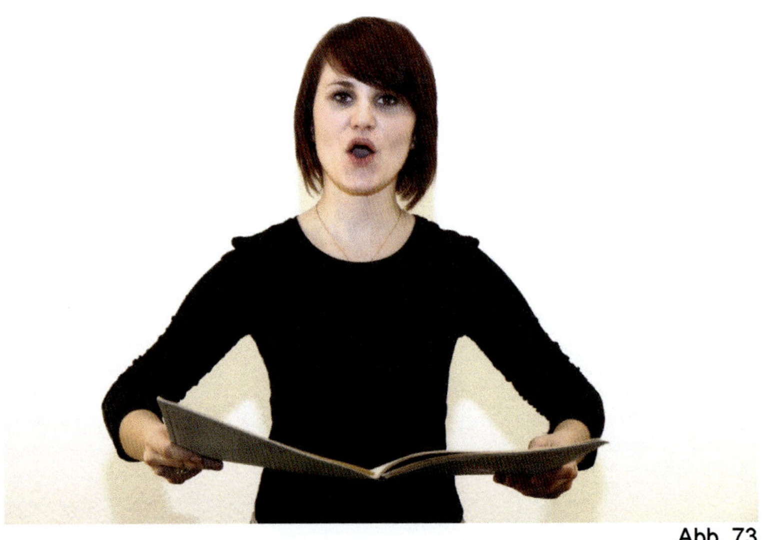

Abb. 73

ANHANG

Literaturübungen

Gleich und gleich

Musik von Robert Franz Op.22 Nr.1
Text von Johann Wolfgang von Goethe

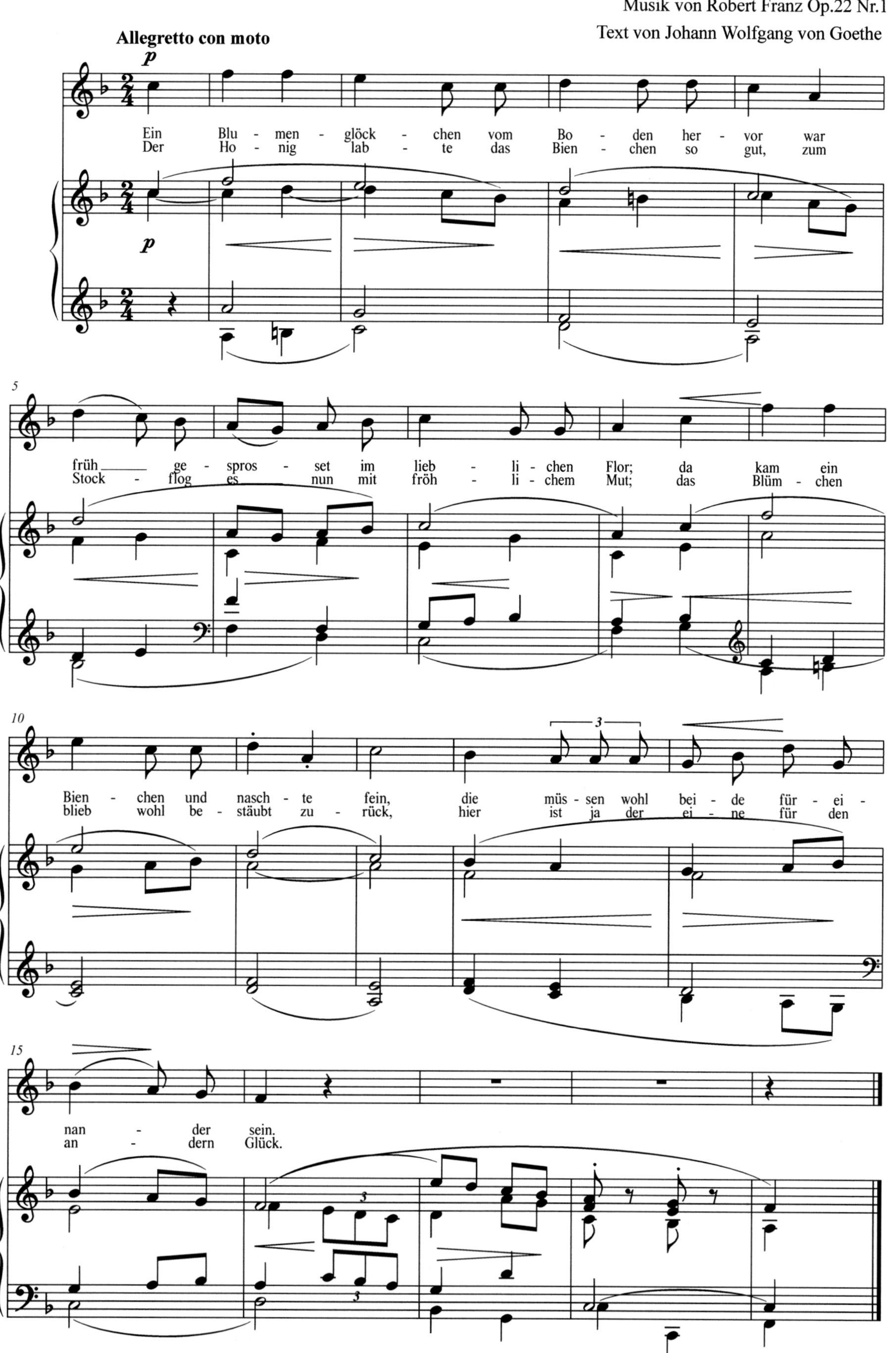

Gleich und gleich

Musik von Robert Franz Op.22 Nr.1

Text von Johann Wolfgang von Goethe

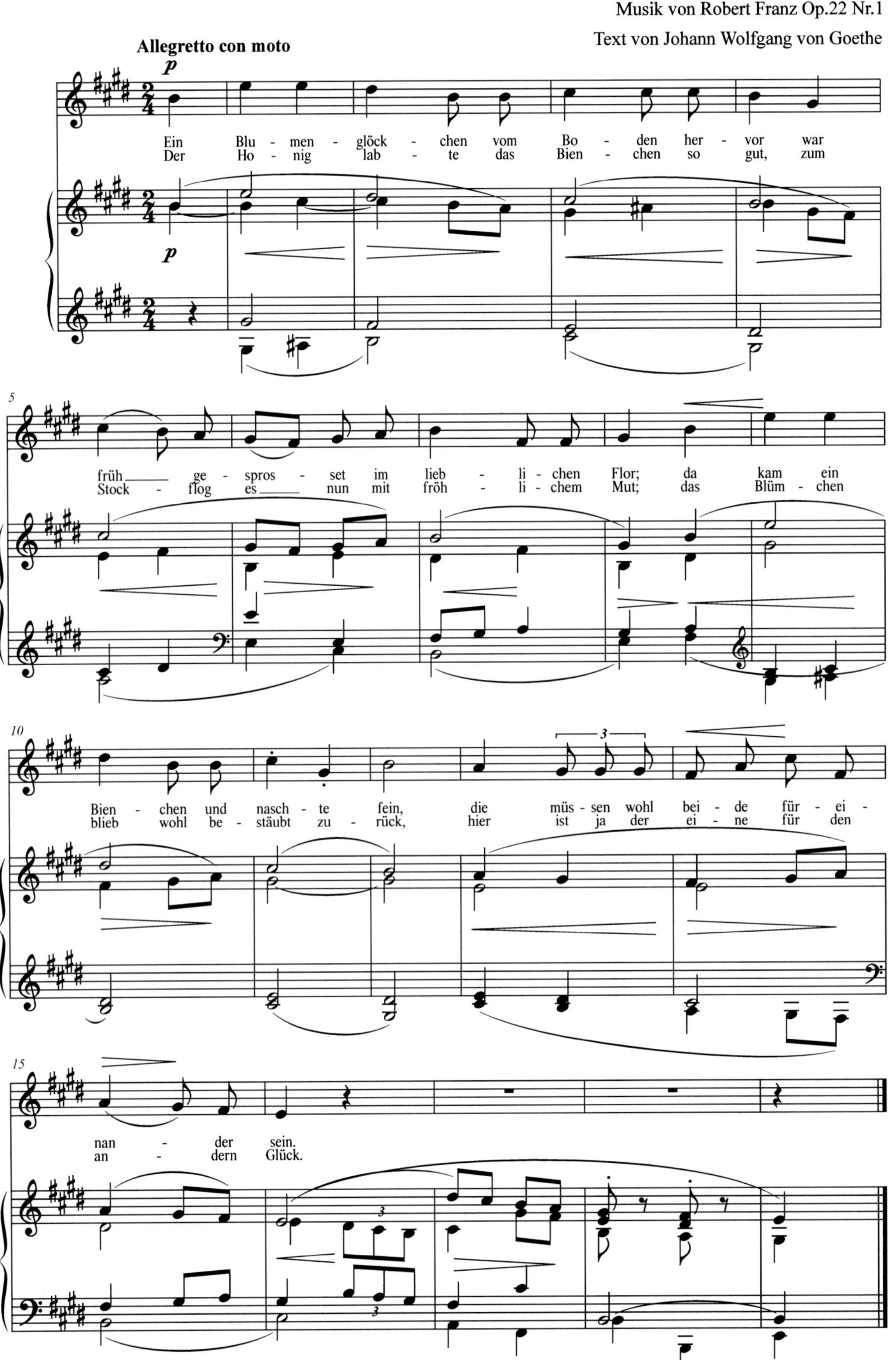

Gleich und gleich

Musik von Robert Franz Op.22 Nr.1
Text von Johann Wolfgang von Goethe

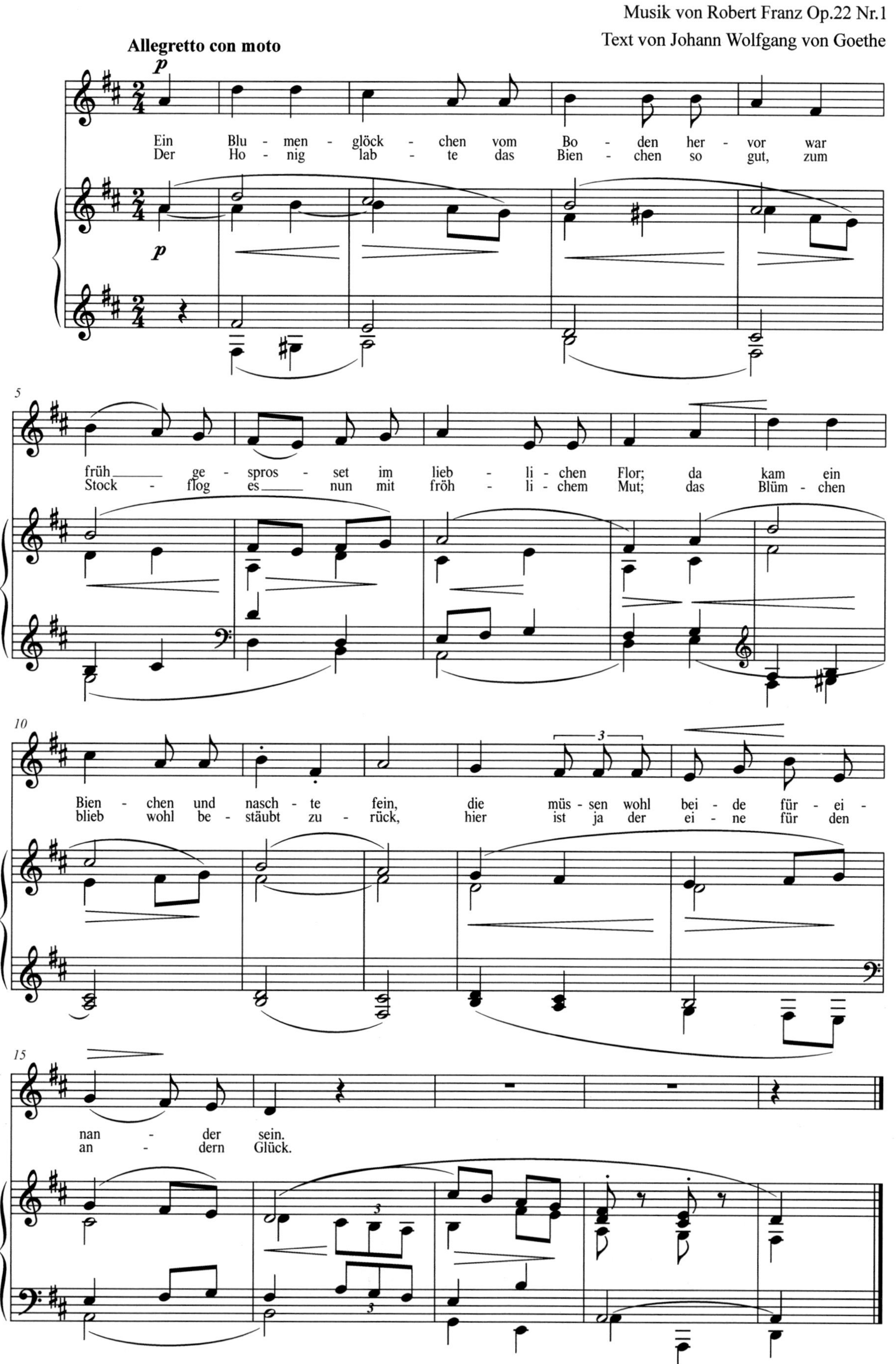

Lied des Marmottenbuben

(Aus dem Jahrmarktsfest zu Plundersweilern)

Musik von L. van Beethoven Op.52 Nr.9

Text von Johann Wolfgang von Goethe

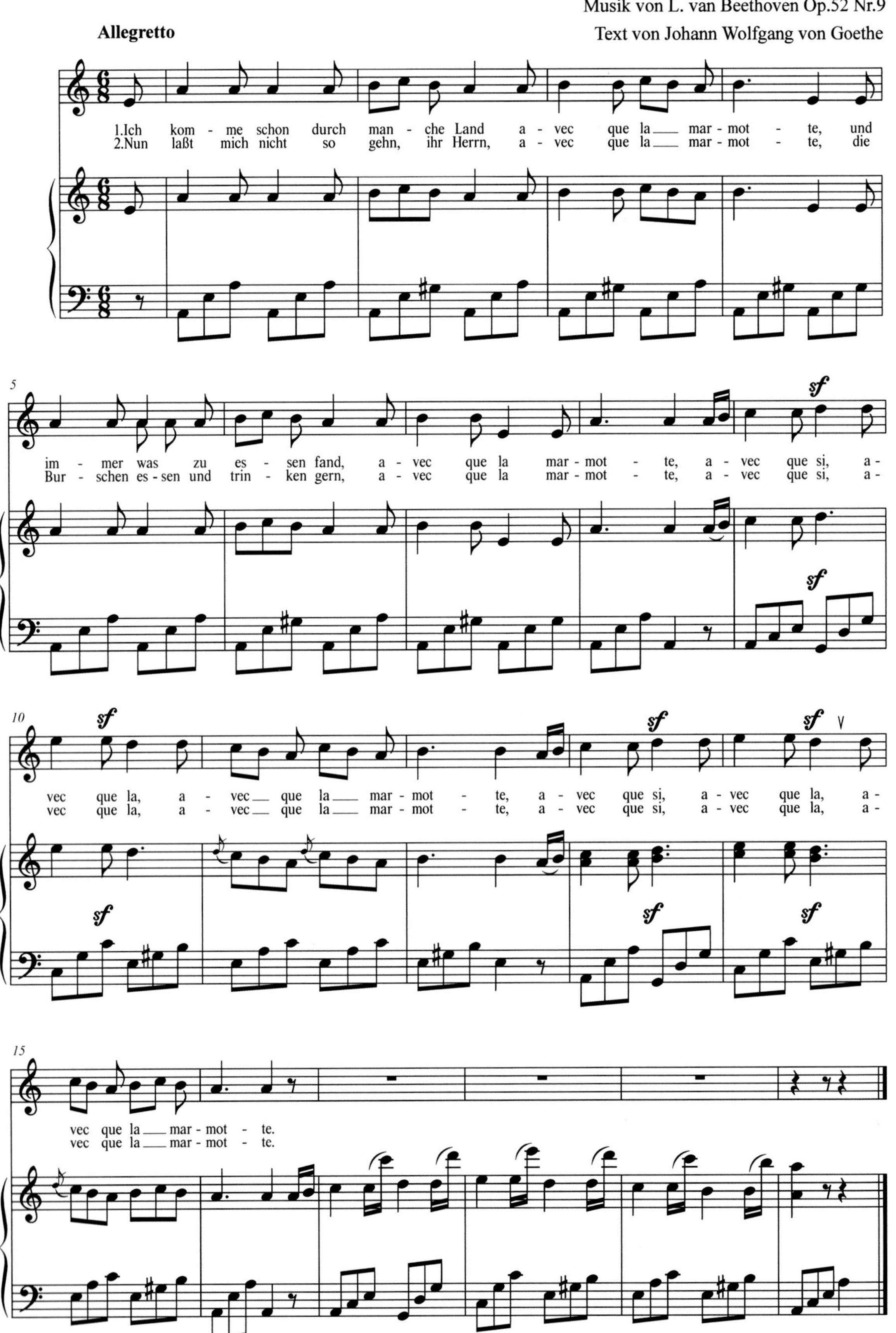

Lied des Marmottenbuben

(Aus dem Jahrmarktsfest zu Plundersweilern)

Musik von L. van Beethoven Op.52 Nr.9

Text von Johann Wolfgang von Goethe

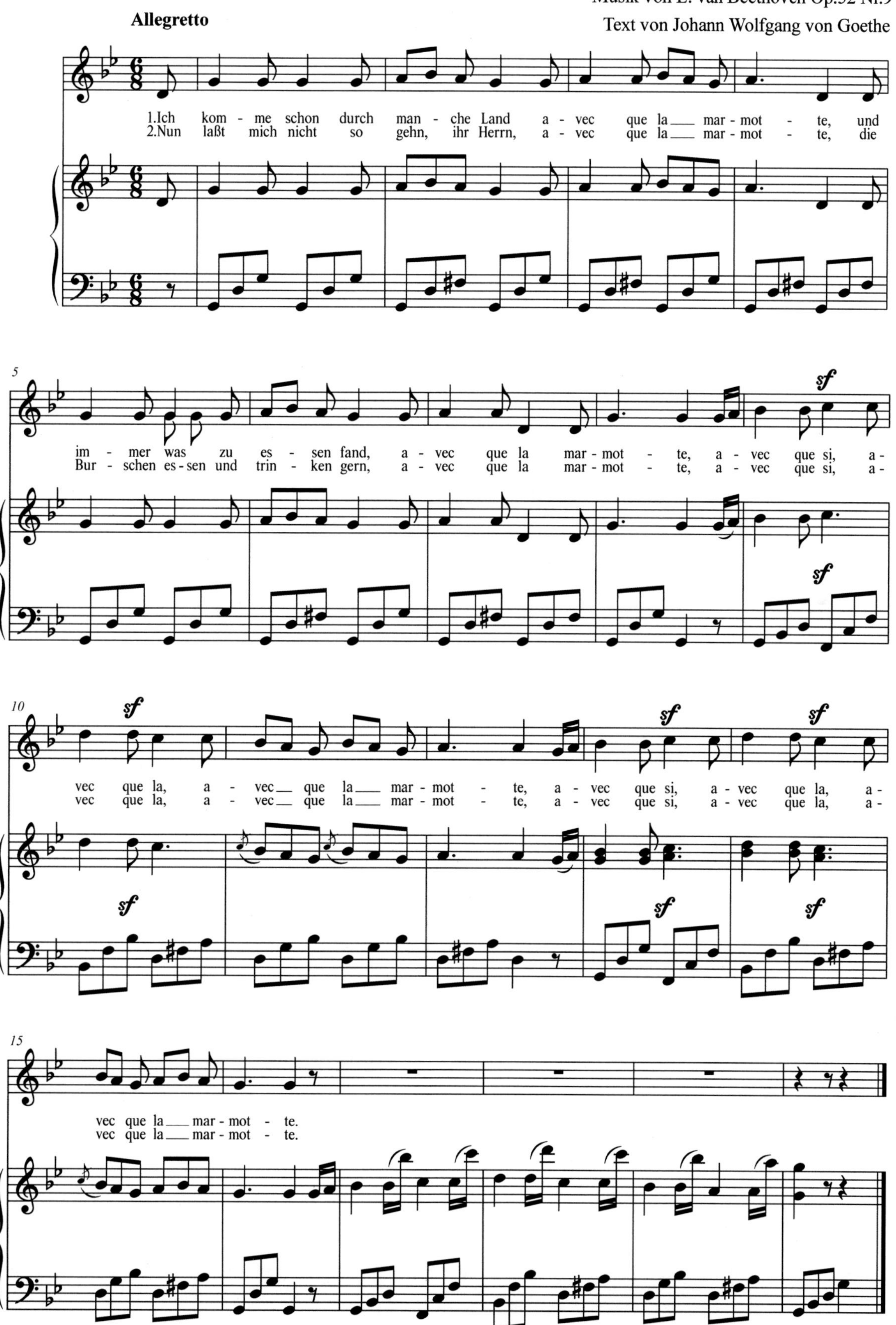

Lied des Marmottenbuben

(Aus dem Jahrmarktsfest zu Plundersweilern)

Musik von L. van Beethoven Op.52 Nr.9

Text von Johann Wolfgang von Goethe

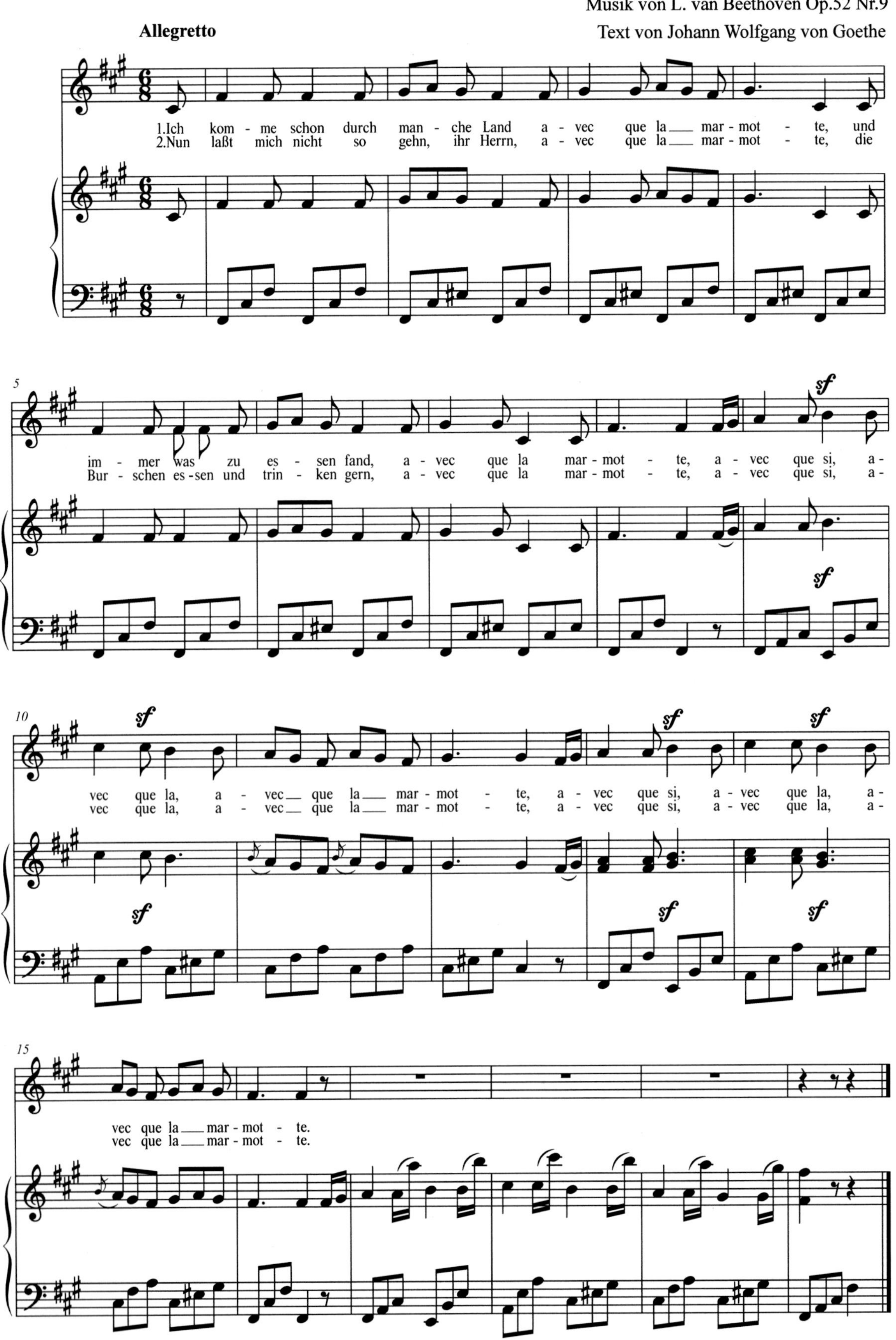

I maccheroni
Die Nudeln
(Tarantella)

Neapel
Satz : Heinrich Müller

I -o mi so - noun po - ve - ret - to sen - za ca - sae sen - za let - to, i - o mi

so - noun po - ve - ret - to sen - za ca - sae sen - za let - to; ven - de-

rei i miei cal - zo - ni per un sol piat-to di mac - che - ro - ni, ven - de-

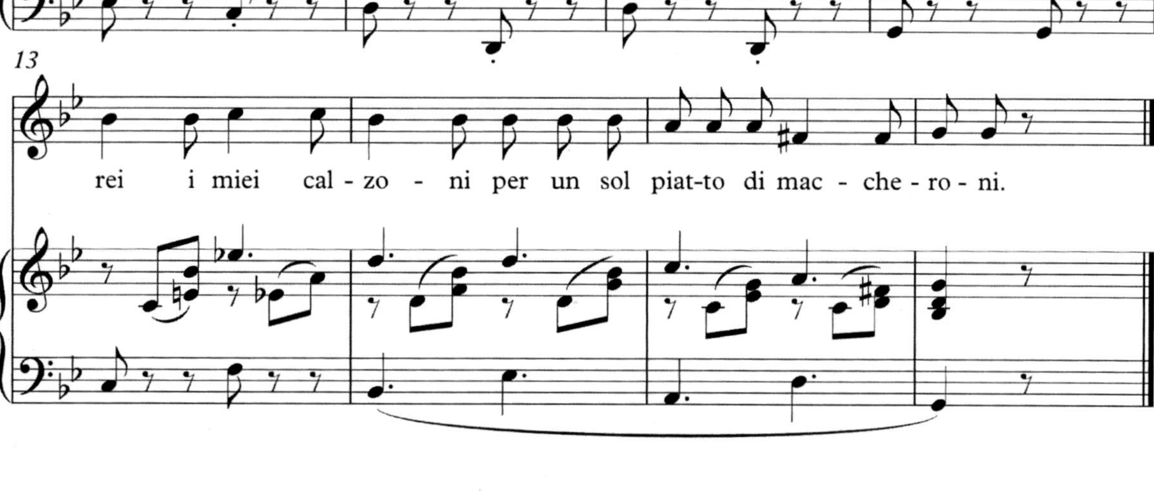

I maccheroni
Die Nudeln
(Tarantella)

Neapel
Satz : Heinrich Müller

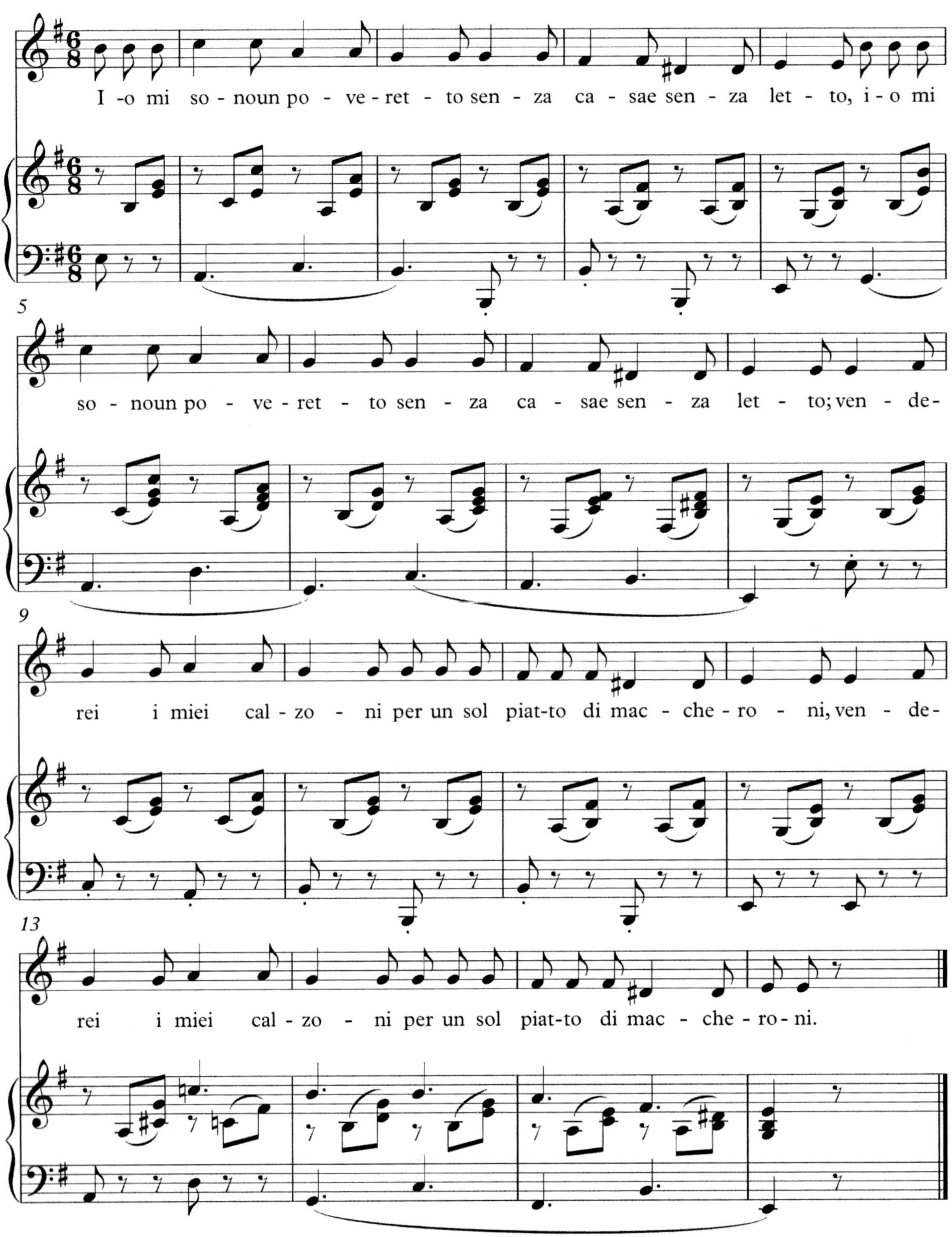

I maccheroni
Die Nudeln
(Tarantella)

Neapel
Satz : Heinrich Müller

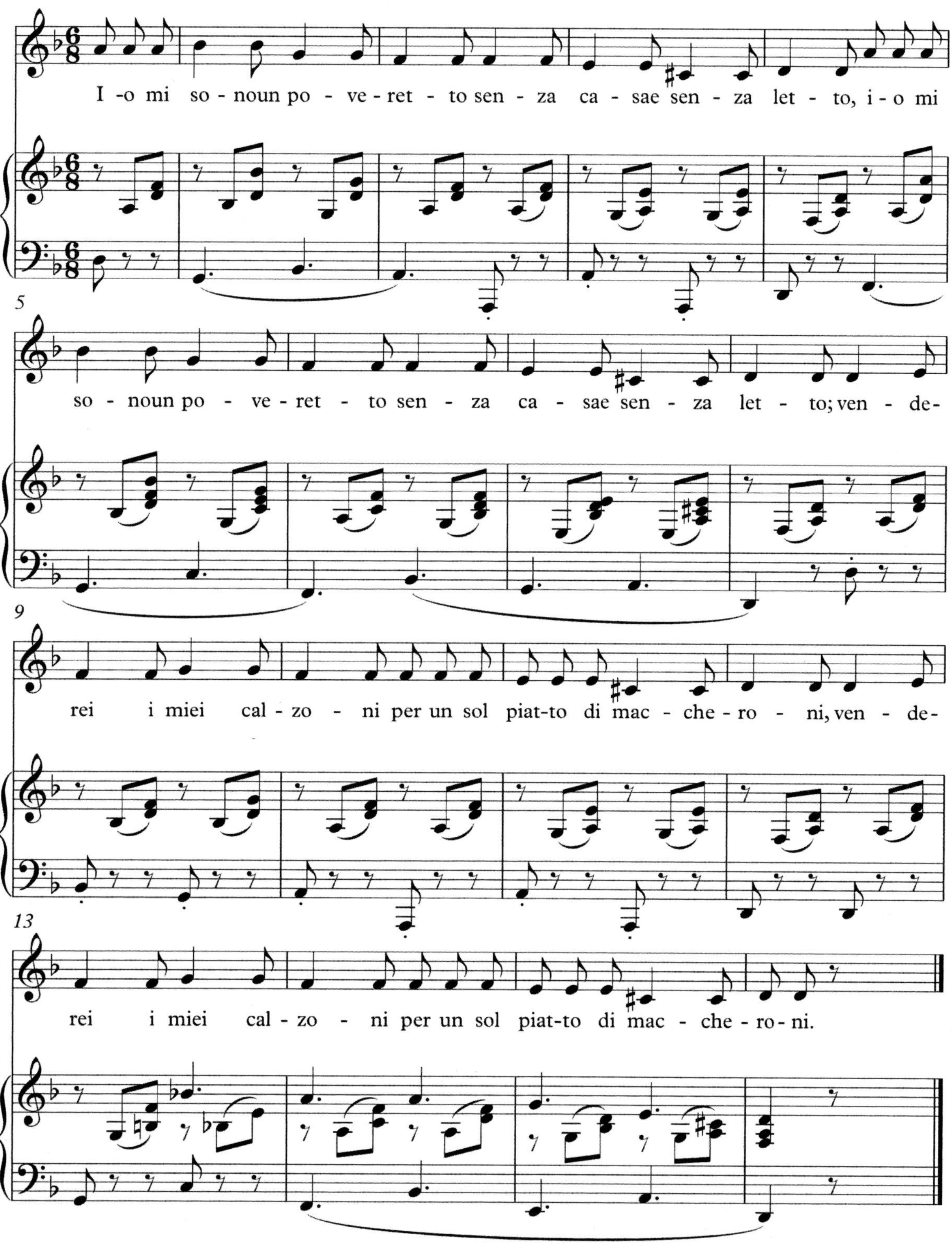

Erstes Grün

Justinus Kerner

R. Schumann Op.35 Nr.4

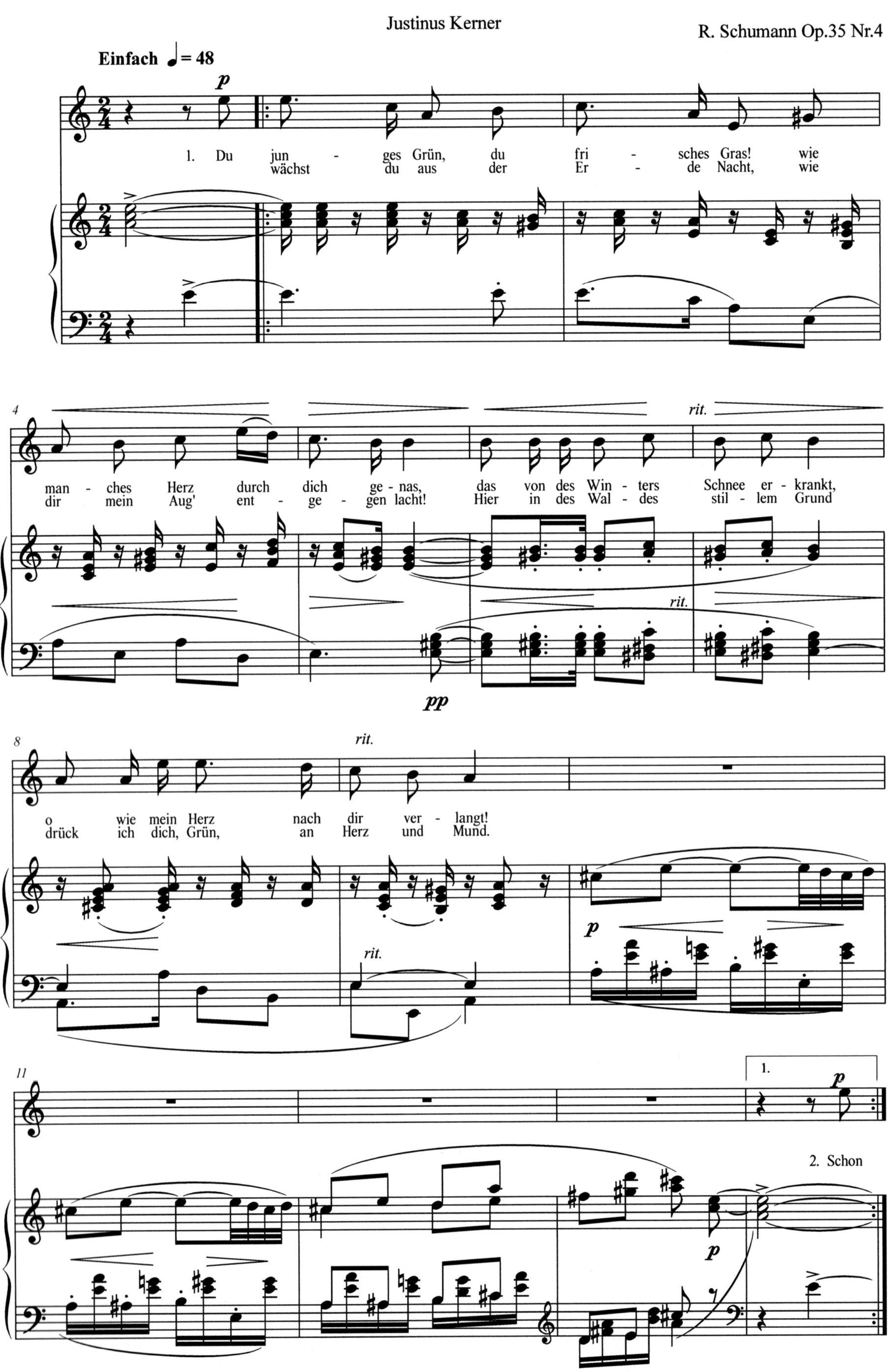

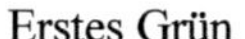

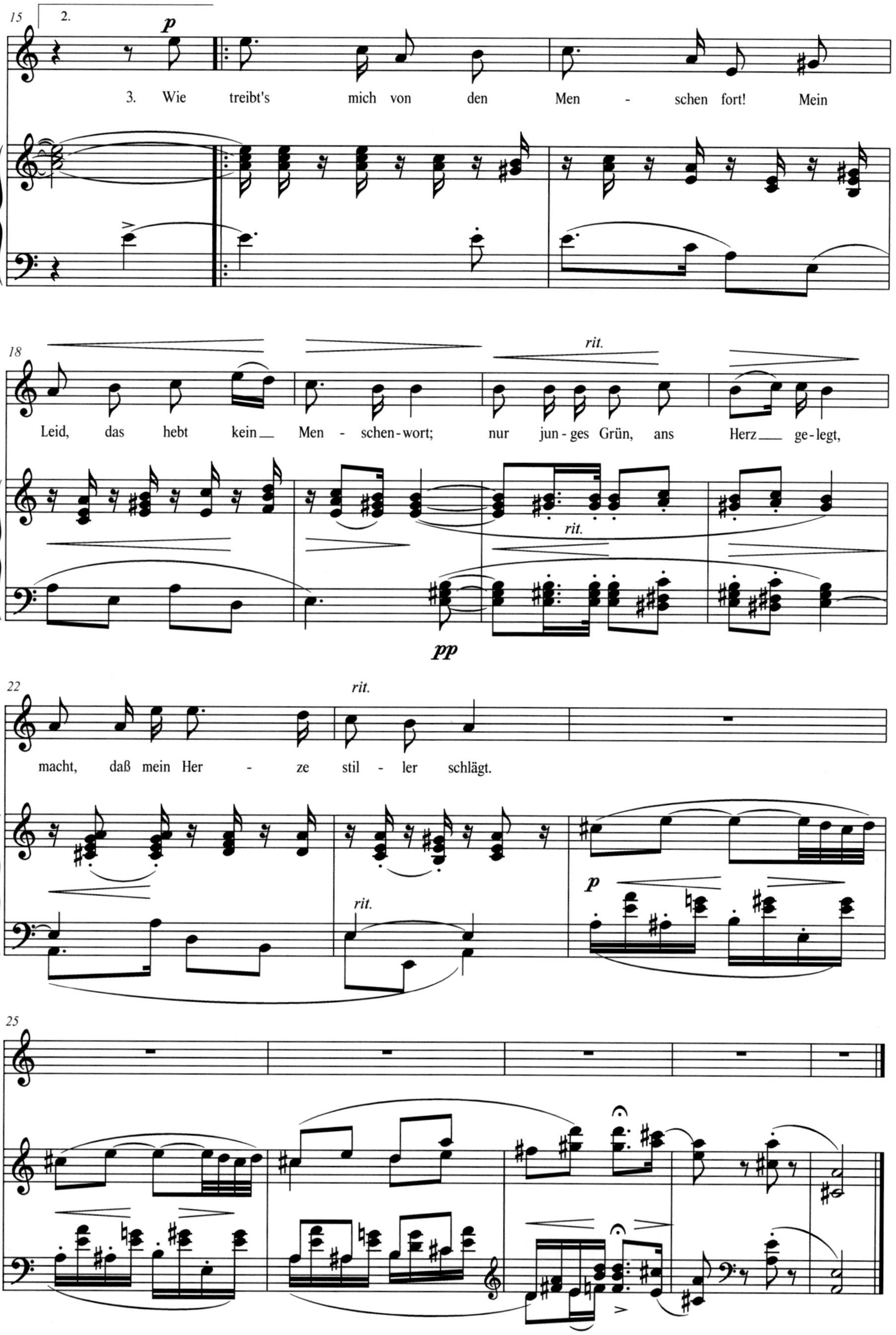

15 2. *p*

3. Wie treibt's mich von den Men - schen fort! Mein

18 *rit.*

Leid, das hebt kein Men - schen-wort; nur jun-ges Grün, ans Herz ge-legt,

rit. *pp*

22 *rit.*

macht, daß mein Her - ze stil - ler schlägt.

p *rit.*

25

Erstes Grün

Justinus Kerner

R. Schumann Op.35 Nr.4

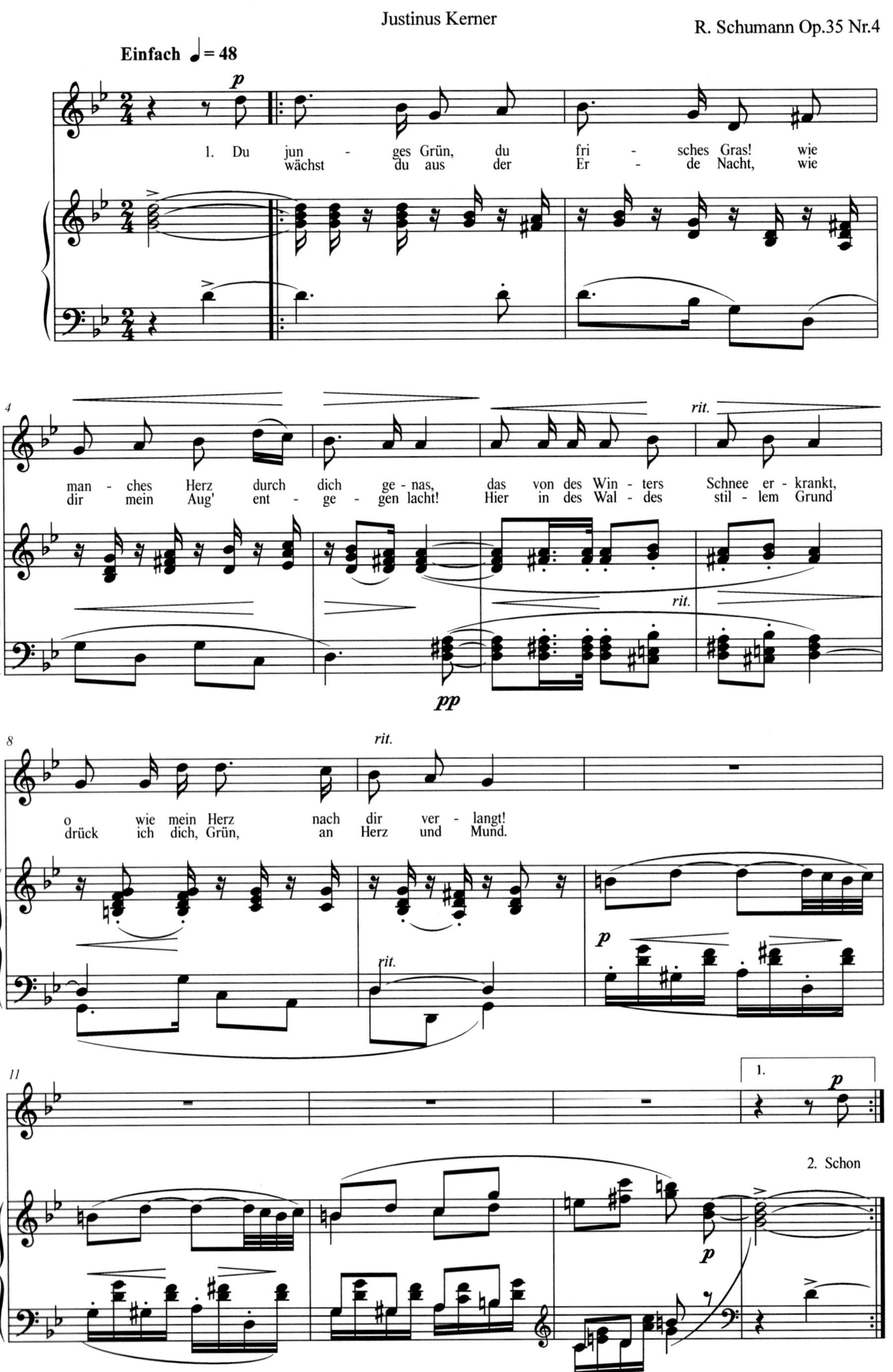

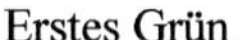

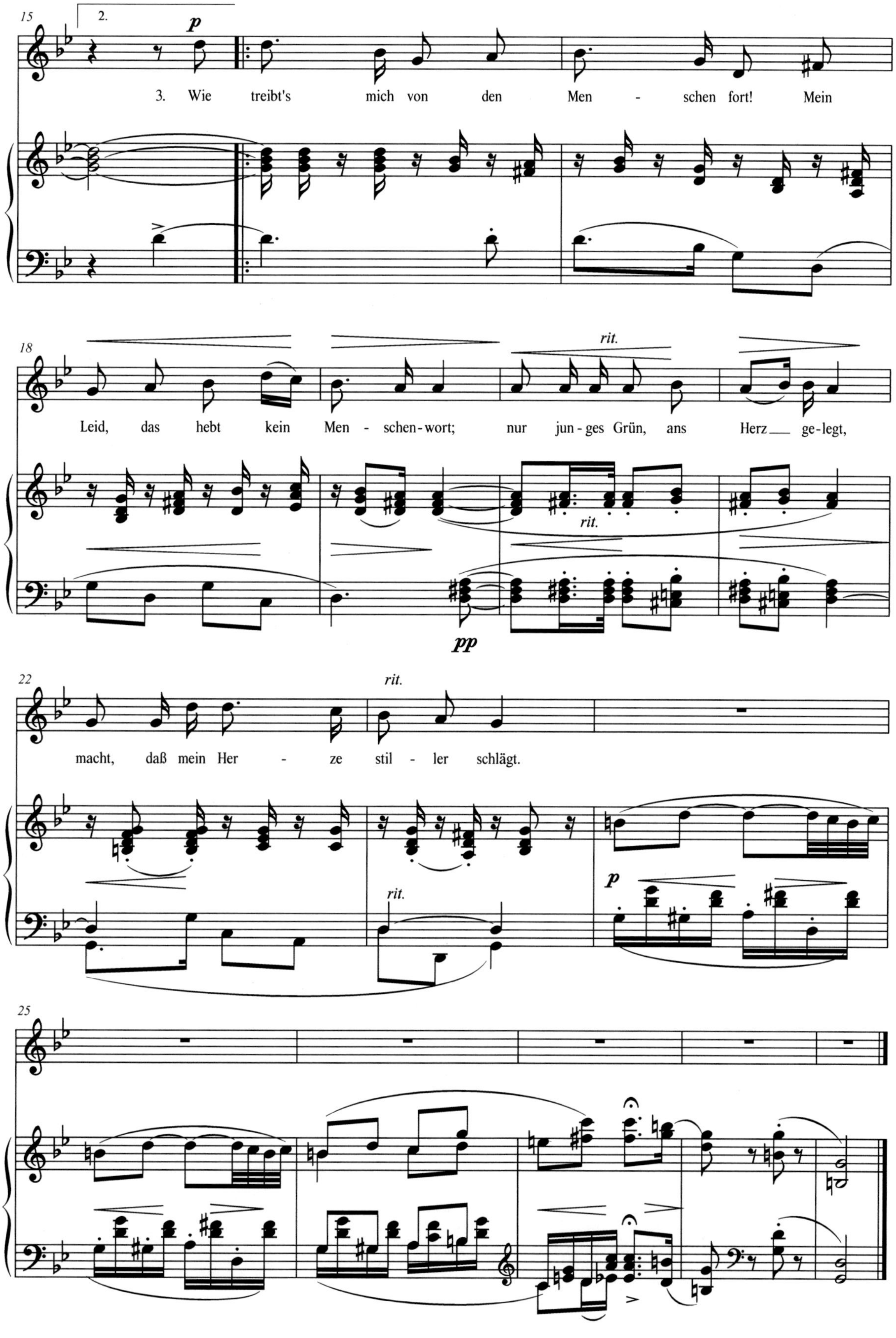

15 2. *p*

3. Wie treibt's mich von den Men - schen fort! Mein

18 *rit.*

Leid, das hebt kein Men - schen-wort; nur jun-ges Grün, ans Herz ___ ge-legt,

rit. *pp*

22 *rit.*

macht, daß mein Her - ze stil - ler schlägt.

p *rit.*

25

Erstes Grün

Justinus Kerner

R. Schumann Op.35 Nr.4

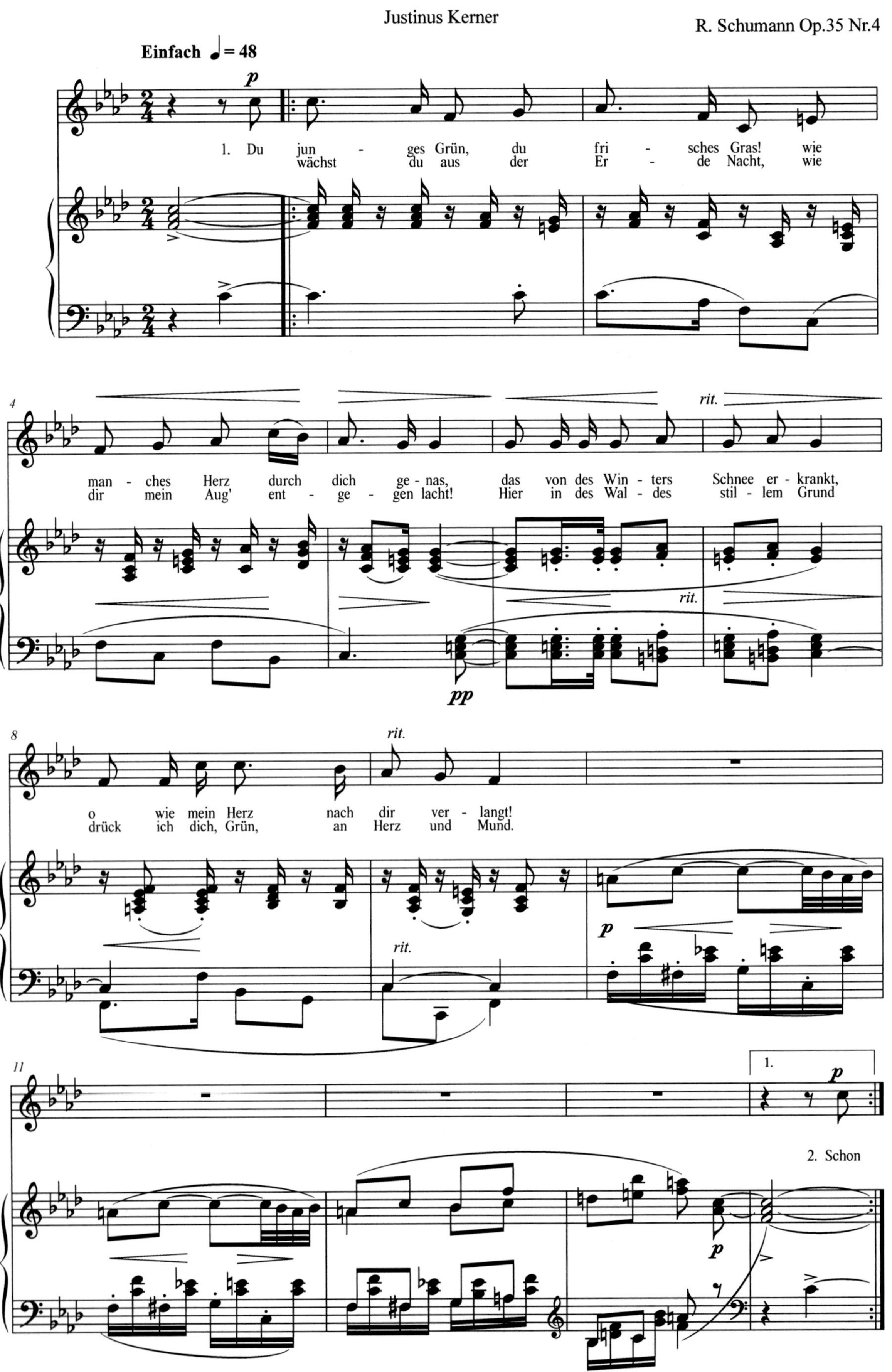

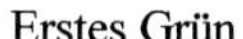

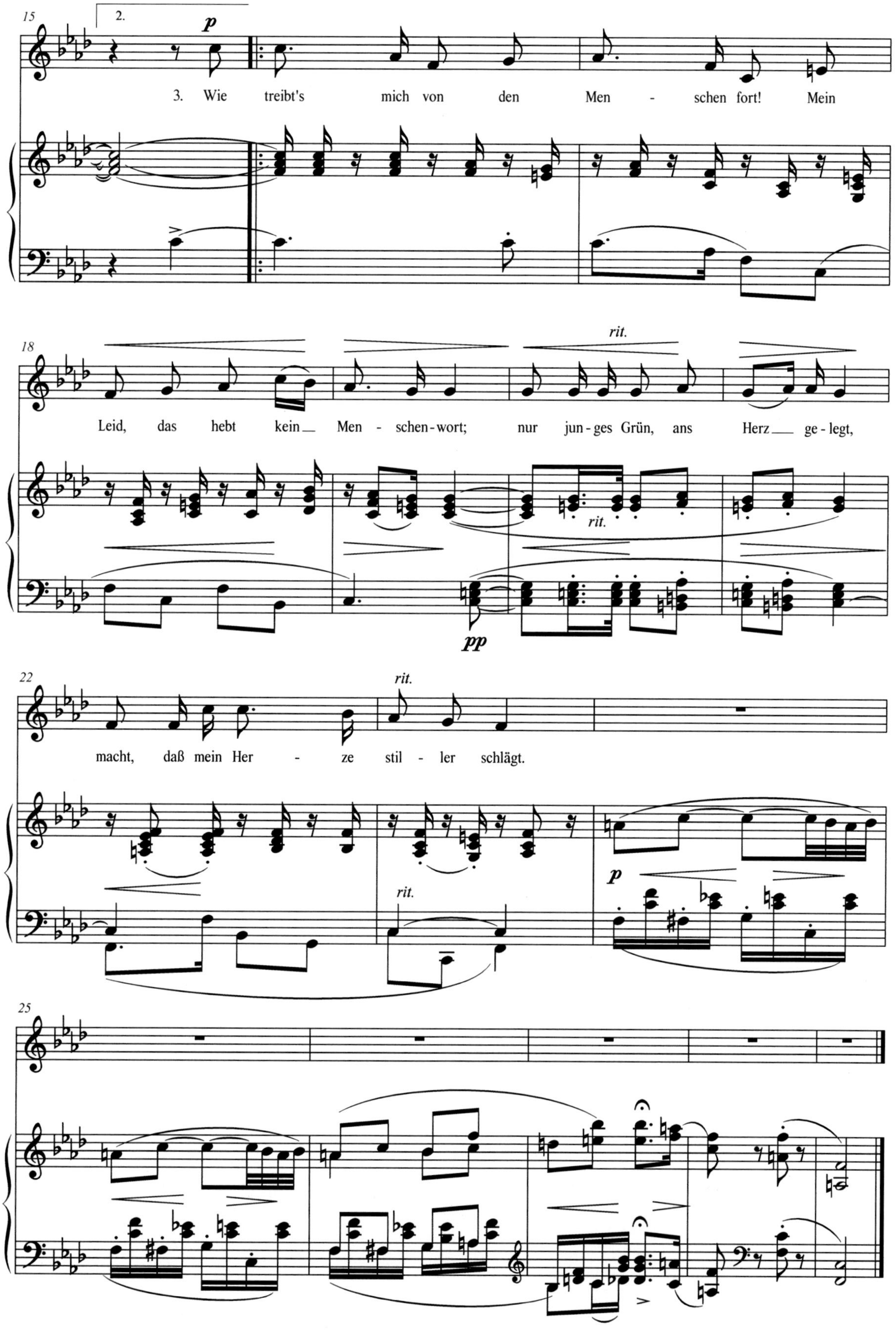

2.

p

3. Wie treibt's mich von den Men - schen fort! Mein

Leid, das hebt kein Men - schen-wort; nur jun-ges Grün, ans Herz ge-legt,

rit.

macht, daß mein Her - ze stil - ler schlägt.

rit.

pp *p*

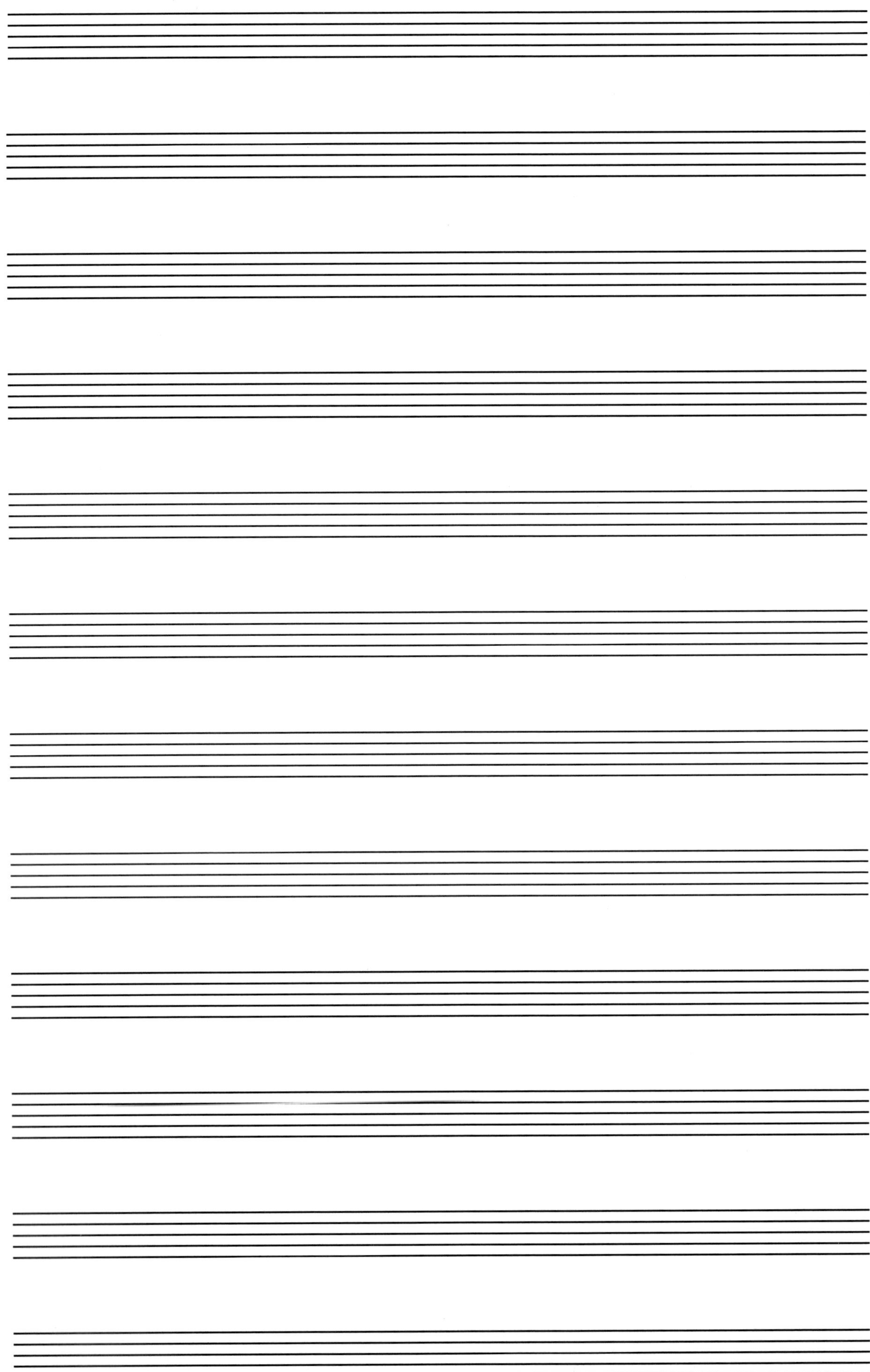